The LIBERTY Book of Home Sewing

LIBERTY
ファブリックの クラフトづくり

ルシンダ・ガンダートン 著

武田 裕子 訳

写真 クリスティン・ペラーズ
イラスト リチャード・メリット

リバティファブリックの世界へようこそ 6

普段使いの小物たち

- クッションカバー 4種 14 ● シンプル仕立てのカーテン 20 ● エコバッグ 24
- シェフのロングエプロン 30 ● 砂糖袋型ドアストッパー 36 ● 革の引き手のコスメポーチ 40
- ローマンシェード 44 ● 丸底ビーズクッション 48 ● キャンバス地のトートバッグ 52

整理&収納アイテム

- 格子窓のピンナップボード 60 ● 紐結びのジュエリーロール 64 ● 小花の巾着バッグ 68
- スマートフォン&PCカバー 72 ● 孔雀のピンクッション 76 ● 花模様のブックカバー 82

ラグジュアリーな愛用品

- 丸いギャザークッション 88 ● 花柄のコサージュ 92 ● ローズガーデンのクッション 96
- 箱型のベンチクッション 102 ● フリルのエプロンと鍋つかみ 106
- キモノ風ルームウエア 112 ● 布を巻いたランプシェード 118 ● バラモチーフの掛け布 122
- おばあちゃんの花園キルト 128 ● レンガ模様のモダンなキルト 134

ソーイングの基礎知識

- 基本の道具 142 ● 手芸用品 144
- 始める前に 146 ● 端の始末 148 ● ミシン縫いの基礎 150
- 手縫いの基礎 152

- 用語集 154 ● リバティファブリックの名称 156

リバティファブリックの世界へようこそ

アーサー・ラセンビィ・リバティが、日本や中国、インドからの輸入ファブリックを扱う店をリージェント・ストリートにオープンさせたのは1875年のことでした。美しさを最上の価値ととらえる耽美主義運動の全盛期だった1870年代、こうした芸術運動の流れを支持する人々は、リバティにとってきわめて大切な顧客でした。美しいものを、手の届く価格で提供する。そうすることで一般の人々のスタイルに影響を与えたい。アーサーのこの考えは、時代の潮流にぴったりと合致するものでした。

まもなくアーサーはファブリック以外の商品展開も始めます。店に置かれた日本の扇子、屏風、壁紙から、中国の青白陶器、インドの象眼細工を施した飾り箱や木彫品、ペルシャの金属細工や絨毯に至るまで、ありとあらゆる商品を求めて人々がやって来ました。とはいえ、店の品揃えで最も重要な存在は、やはりファブリック。そこでほどなく準備を整えたアーサーは、オリジナル生地の生産に着手したのです。

リバティは、以前ウィリアム・モリスとともに植物染料の再生に取り組んでいたスタフォードシャー州リークの染色・捺染業者、トーマス・ワードルと提携します。ワードルはリバティの輸入シルク用に新たな染料を開発しました。その色合いはたちまち評判となり、"リバティ・アート・カラー"として知られるようになったのです。リージェント・ストリートの店のショーウィンドウに飾られた、様々な色合いや濃淡が織りなす優美なシルクは、当時の新聞紙上でも取り上げられたものでした。ワードルはさらに、インドの版木捺染をもとにしたリバティ初期のプリントデザインを作製し、そのデザインは1878年のパリ万博に出品されました。

事業のさらなる発展に伴い、トップデザイナーたちがリバティのために図柄デザインを手がけるようになります。こうして生まれたデザインは、イギリスやフランスの業者で捺染や織りの工程を経た後、リバティデザインとして展開されました。アーサー・ラセンビィ・リバティは商才にもたけ、自分の名前が非常に価値ある資産だとわかっていたのです。リバティは1894年、リバティ&カンパニーとして株式会社組織となりました。ただしいつの時代も、Liberty'sという名で知られていることに変わりはありません。この頃になると、リバティはファブリックの他にもオリジナルの服飾製品や"装飾用の"家具調度類、金属器、装身具の生産も行うようになりました。

当時、多くの業者がファブリックの捺染作業を請け負っていましたが、ウォンドル川のほとり、マートンにある小さなプリント工場では全生産品をリバティが占めるようになりました。リバティは1904年にこの工場を買収します。この頃のシルク生地はほとんど木版（木製ブロック）を用いた手刷りでプリントされています。マートン工場では、最盛期には52名の捺染職人を抱えるほどでした。緻密なペイズリー柄のショールを仕上げるには膨大な時間を要し、デザインによっては27種類もの木版が必要です。ひとつの木版は2週間かけて制作されていたため、この技法ではあまりにもコストがかかることは明らかでした。1930年代になると、マートン工場にスクリーン捺染機が導入されます。これは当時の捺染業者にとってはまだ新しい技法であり、木製ブロックの人気柄がほぼすべてスクリーン捺染に移行するのは、第二次世界大戦後のことでした。1960年代初頭には木版の制作は終了します。捺染工場の敷地に山と積まれた木版が焼却される光景を、今なお覚えている人もいるでしょう。木版の多くはリージェント・ストリートの店で販売され、中でもとびきり美しいものはアーカイブとして保存されました。

　この時代にリバティは、プリント柄の見本帳、図版、生地サンプル、さらに刷り見本（木版デザインを紙に写したもの）といった貴重なテキスタイルアーカイブを編纂しています。この資料は現在に至るまで絶えず重要なデザインソースと考えられてきました。とても興味深いことに、アーカイブに保管されているテキスタイルから、デザインのたどった歴史が見えてくるのです。耽美主義の時代はやがて、イタリアでは今でも"スティーレ・リバティ（訳注：イタリア語で「リバティ様式」の意）"として知られるアールヌーボーの時代に取って代わられます。その後、典型的なアールデコの流れをくむデザインが少しばかり続き、1930年代には現在もリバティの象徴的存在とされる小花模様が主流となりました。1950年代にはモダンなスタイル、1960年代には色とりどりのサイケデリックなデザインが台頭。そして、印象的なペイズリー柄の1970年代、大ぶりの花柄を配した内装用ファブリックの1980年代と続き、さらには1990年代初めのモノクロームデザインへと変遷していきます。

　マートンのプリント工場は1972年に売却となり、それ以降、1980年代のわずかな期間を除いてリバティファブリックは社外の工場で捺染されています。1990年代半ばまで、リバティのコットンは主にランカシャー州の工場で、細やかな線描表現まで捺染可能な銅版ローラーを用いてプリントされていました。残念なことに、このプリント技法では生地幅およそ90cmまでのファブリックに限定されていたため、より収益性の見込めるスクリーン捺染への移行が後に

決定されました。現在、リバティファブリックはほぼすべて、フラットベッドまたはロータリー方式の捺染機を用いたスクリーン捺染という技法でプリントされています。また最近では一部のデザインでデジタルプリントも採用されています。リバティプリントに使用される素材は、コットン、シルク、ウール、合成繊維など多種多様です。これらの素材には、たとえばヴァルナウール、ジュビリー（コットンとウールの混紡素材）、ロスモアコード、バルカムシルクなど、すべて独自の名称がつけられています。中でも1920年代の後半以降、おそらく最もよく知られている素材といえばコットンローンでしょう。1920年代から30年代にリバティのファブリックバイヤーを務めたウィリアム・ヘインズ・ドレルは、このコットンを"タナローン"として市場に打ち出すことにしました。この名前は、原材料となる上質な綿花が、スーダンのタナ湖のほとりで栽培されていたことにちなんだものです。

　リバティファブリックの生産工程は、まずデザイン・スタジオから始まります。スタジオでは2年後を想定して（たとえば、2010年秋には2012年秋コレクションのデザインに着手するなど）デザインを進めていきます。つまり、デザイナーは次なる流行のさらに先を読まなければならないのです。各コレクションにはそれぞれ異なるテーマを設定します。リバティのアーカイブを参考にしながらデザインの構想を立て、さらにシーズンごとに新たなインスピレーションを探求していくのです。社外のアーティストやデザイナーによるデザインも数多くあります。毎年春と秋には新作のファブリックコレクションを立ち上げ、シーズンを限定しない定番デザインのクラシックコレクションとともに展開しています。クラシックコレクションには、"Elysian（エリジアン）"のように20世紀初頭のデザインや、さらにそれ以前にさかのぼる"Lodden（ロデン）"（1884年にウィリアム・モリスによってインテリア用にデザインされた）などがあります。

　リバティファブリックの鍵となる特徴のひとつは、その色合いです。トーマス・ワードルの"リバティ・アート・カラー"から今日のデザインに至るまで、つねに完璧を追求した色出しに重きが置かれてきました。捺染業者からデザイン・スタジオに試し刷りが送られた後、その発色とプリントの完成度にデザイン・スタジオが納得するまで、多くのデザインは何度も両者の間を行き来します。たとえば、シンプルな単色で表現された"Capel（カペル）"など、プリント作業が比較的易しいものもありますが、一方で"Vonetta（ヴォネッタ）"のように、抜染プリントと呼ばれる技法によって染料ではなく漂白作用のある抜染剤をスクリーンの1枚に用い、あらかじめ染色された生地の一部から色を抜く作業を要するものもあります。また、"Bailando en Mis Suenos (バイランド・エン・ミス・スエノス)"では、商業用の捺染としては比較的新しい手法のデジタルプリントを採用しています。

　本書に掲載のファブリックは、シーズンコレクションとクラシックコレクションの両方から厳選されたものです。したがって、"Wiltshire (ウィルトシャー)"、"Lodden (ロデン)"、"Elysian (エリジアン)"のように伝統的なデザインもあれば、"Kate Nouveau (ケイト・ヌーボー)"や"Lord Paisley (ロード・ペイズリー)"など、リバティのアーカイブから比較的最近になって復刻あるいはアレンジされたもの、さらには"Willow's Garden (ウィローズ・ガーデン)"や"Explosions in the Sky (エクスプロージョン・イン・ザ・スカイ)"といった、まったく新しいデザインも登場します。その中でも大部分を占めるのは2011年の春夏と秋冬の2シーズンです。春夏コレクションでは「ザ・ストーリーブック」をテーマとし、リバティ・デザイン・スタジオとイラストレーターたちとのコラボレーションを実現しました。秋冬コレクションのテーマは「リバティ・ロックス」。このシーズンでは、音楽と芸術から着想を得たモチーフを表現し、芸術に造詣の深いミュージシャンや、音楽界とつながりの深いアーティストによるデザインを特徴としています。

　優しい小花柄のイメージが定着しているリバティプリント。さらに本書を通じて、アイコンモチーフ以外にも数々のデザインが展開されていることをおわかりいただけるでしょう。このようにリバティコレクションは、つねに様々な要素を取り入れてきました。美しい色使い、上質なファブリック、そしてこの多様性こそがリバティプリント独自の世界を創造している源なのだと私は思います。

アンナ・ブルーマ
アーカイビスト
リバティ・アート・ファブリックス

普段使いの小物たち

クッションカバー4種

クッションをつくる、といっても必ずしも手の込んだ装飾は必要ありません。
インテリアファブリックで仕立てられた昔ながらのクッションカバーには、
パイピングの縁取り、組紐や房飾り、コンシールファスナーなどのあしらいがありました。
こうした意匠は、とくにタナローンのように上質なコットンを使う場合には不要なもの。
ここでご紹介するのは、無地とプリントの組み合わせが美しく映えるクッションのバリエーションです。
1884年にウィリアム・モリスによってデザインされた
"Lodden（ロデン）"から1950年代の"Lord Paisley（ロード・ペイズリー）"、
さらには2011年発表の"Vonetta（ヴォネッタ）"に至るまで、
3世紀にわたる素材が見事なハーモニーを奏でます。

材料

- タナローン（薄手コットン）のプリント（1種または数種）、適宜
- 無地の薄手コットン、適宜
- 布地に合わせた縫い糸
- 正方形ヌードクッション（お好みのサイズで）

裁断

基本のクッションカバー
プリント（タナローン"Lord Paisley（ロード・ペイズリー）"）:
- 前布　クッションと同寸法　1枚

無地:
- 後ろ布　クッションと同寸法　1枚

ストライプのクッションカバー
プリント2種（タナローン"Vonetta（ヴォネッタ）"、"Lodden（ロデン）"）、無地2種:
- 前布　幅=適宜、長さ=クッションと同じ　7-9枚

無地:
- 後ろ布　クッションと同寸法　1枚

筒型のクッションカバー
プリント（タナローン"Lodden（ロデン）"）:
- 本体　長さ=クッションの2倍、幅=クッションの5/6　1枚

無地:
- 縁布
  長さ=クッションの2倍、幅=クッションの1/3 + 2cm　1枚

枕カバー型クッションカバー
本体用プリント（タナローン"Vonetta（ヴォネッタ）"）:
- 幅=クッションの2.5倍、長さ=クッションと同じ　1枚

ボーダー用プリント（タナローン"Lodden（ロデン）"）:
- 幅=6cm、長さ=クッションと同じ　1枚

無地:
- 幅=4cm、長さ=クッションと同じ　1枚
- 幅=12cm、長さ=クッションと同じ　1枚

普段使いの小物たち

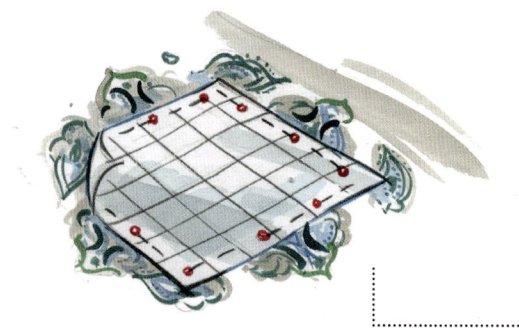

基本のクッションカバー

基本のクッションカバーは取り外しができないため、お洗濯の際には、手でかがった箇所をほどいて中のクッションを取り出してください（後ろ側に入れ口をあけたクッションのつくり方はp.17の「応用編」を参照）。

前布を裁断する　前布用の型紙をつくります。"Lord Paisley（ロード・ペイズリー）"のようにはっきりした大柄プリントの場合、正方形の型紙中央にデザインがくるように生地を余分に準備しましょう。まち針でていねいに型紙をとめ、外枠まわりをカットします。

まち針で前布と後ろ布をとめる　前布と後ろ布を中表に合わせ、返し口を残して周囲をまち針でとめます。

前布と後ろ布を縫い合わせる　まち針でとめた縁を縫い代1cmでミシン縫いします。縫い目から3mm以上あけ、四隅の角を三角形に切り落とします。縫い代を割り（アイロンで両側に開き）、カバーを表に返します。角を出して整え、縫い目をアイロンで軽く押さえます。

返し口を閉じる　クッションを中に入れ、返し口の折り目に沿ってまち針を打ちます。突き合わせた折り山を、コの字とじで縫いとめます（p.153参照）。

ストライプのクッションカバー

プリントの配列は、同じ色柄や同じ幅を規則的にリピートさせても良いし、昔ながらのパッチワークのように、余り布をランダムにつなげても素敵です。

前カバーをつくる　短冊状にカットした布の長辺を、縫い代1cmで縫い合わせます。縫い代はすべて濃色の布地側にアイロンで倒しておきます。後ろカバーの寸法に合わせて端をカットします。

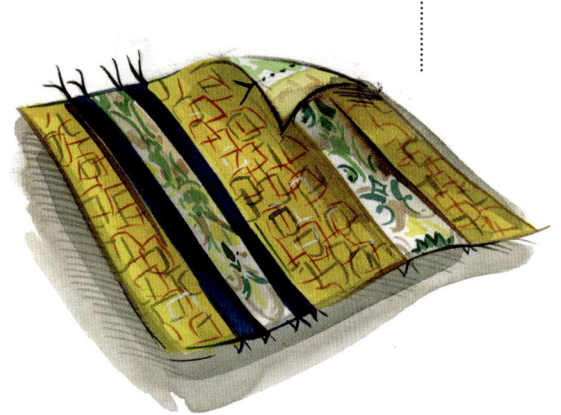

仕上げをする　でき上がった前カバーを後ろカバーに縫い合わせます。クッションを中に入れ、基本のクッションカバーと同様に返し口の始末をします。

筒型のクッションカバー

プレーンなクッションの上にかぶせる、片側オープンのカバー。
無地と花柄、淡色と濃色などのコントラストを楽しみます。

縁布を縫いつける　細長くカットした無地布をたてに二つ折り（長辺と平行に折る）してアイロンで折り目をつけ、さらに一方の長辺の裁ち端1cmを折り込んでアイロンをかけます。もう一方の長辺の裁ち端を、カバー本体布の裁ち端に中表で合わせてまち針でとめます。縫い代1cmでミシン縫いし、縫い代を縁布側に倒しておきます。

前と後ろを縫い合わせる　折り目を広げ、カバー布を中表でよこ二つ折りにします。前と後ろの折り目と縫い目を合わせ、カバーの脇と底をまち針でとめます。裁ち端から1.5cmの位置をミシンで縫います。角を三角に切り落としてカバーを表に返します。角を出して整え、アイロンで軽く押さえます。

仕上げをする　縫い代が隠れるように、縁布の見返しを内側に折り込みます。折り山のきわにまち針を打ち、カバー本体にまつります。プレーンなクッションを中に入れてでき上がり。入れ口はこのままでも良いし、リボンやボタンをあしらっても素敵です。

応用編―後ろカバーに入れ口をつくる

基本のクッションカバーで、縫い目をほどかずに（ファスナーもつけずに）クッションを取り出したい場合、2枚の後ろ布を打ち合わせて入れ口をつくりましょう。まず、打ち合わせ幅（通常はクッション幅の1/3が適当）を決めます。後ろカバー用の布を、前カバーの幅の1/2＋打ち合わせ幅の1/2＋2cm（入れ口の折り代分）の寸法で2枚裁ちます。2枚の打ち合わせの裁ち端をそれぞれ1cmの三つ折りにし、端ミシンをかけます。前カバーの表を上にして置き、後ろカバーと中表で両脇を揃えて裁ち端どうしを重ね合わせます。周囲にぐるりとまち針を打ち、端から縫い代1cmでミシン縫いします。角を三角に切り落とし、カバーを表に返してアイロンをかけます。後ろカバーの入れ口からクッションを入れたら完成です。

● クッションカバーのつくり方には具体的な寸法を記していません。
　お好みの正方形（または長方形）ヌードクッションのサイズに合わせて調整してください。

枕カバー型クッションカバー

一枚布の縁にボーダーを縫いつけてコントラストを効かせ、枕カバーのように仕立てたクッションカバーです。

本体の布にボーダーを縫いつける　短冊状にカットしたプリント布の両サイドに無地布がくるように、それぞれ中表にして縫い代1cmでミシン縫いします。縫い代を濃色の布地側に倒します。幅が狭い方の無地布をカバー本体布にまち針でとめ、縫い代1cmでミシン縫いします。縫い代はボーダー側に倒しておきます。

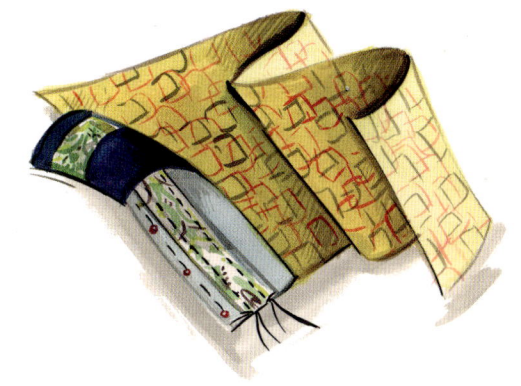

ボーダーを仕上げる　幅が広い方の無地布の裁ち端1cmを裏側に折り、さらにボーダーの裏面を隠すように折り込みます。折り山をカバー本体布の縫い目に合わせてまち針でとめ、まつります。アイロンで押さえておきます。

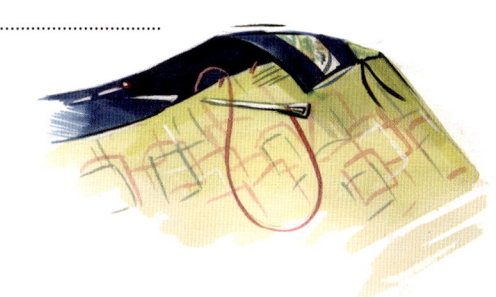

仕上げをする　本体のもう一方の短辺を裏側に6cm折ります。いったんヌードクッションにカバーをかぶせ、入れ口の位置を決めましょう（クッションの中央でも片側に寄せてもOK）。四隅に印をつけたらカバーを外します。印の位置に合わせて中表にし、ボーダー側が下になるようにカバーを折りたたみます。上下二辺をまち針でとめ、縫い代1cmでミシン縫いします。四隅の角を三角に切り落とします。カバーを表に返し、角を出して整え、アイロンで軽く押さえます。クッションを入れてでき上がりです。

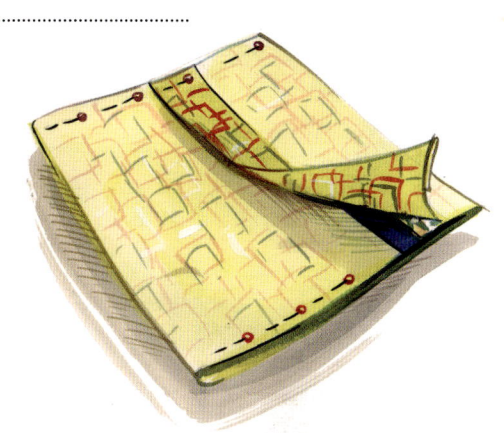

● カバーにきっちりと収まったボリューム感のあるクッションにするには、でき上がり寸法をヌードクッションよりも全体に1cm小さくつくります。裁断の際には、前布と後ろ布をそれぞれヌードクッションと同じ寸法で裁ち、縫い合わせる際に1cmの縫い代を取りましょう。

クッションカバー4種

シンプル仕立てのカーテン

長さを十分に取った2枚のリバティタナローンで、
窓辺に揺れる両開きの薄手カーテンを仕立てます。
生地幅136cmのタナローンなら、1枚でたいていの窓幅の半分をカバーできるはず。
端を始末してポールに吊(つる)すループをあしらったら、もう完成です。
バラを水彩画タッチで表現した"Viviana(ヴィヴィアナ)"のような大柄モチーフは、
カーテン全面に美しくデザインが映えます。
織り目の細かいコットンファブリックが直射日光をさえぎりながらプライバシーを確保し、
なおかつやわらかな陽ざしを通して明るい部屋の雰囲気を保ってくれるでしょう。

でき上がり寸法

カーテン1枚あたり
幅136cmでお好みの長さ(「用尺」を参照)

材料

- 生地幅136cmのタナローン(薄手コットンの大柄プリント)
  (必要量については「用尺」を参照)
- 薄手の白無地コットン 長さ25cm(上部折り返し用)
- 布地に合わせた縫い糸
- ループ返し(なくても可)

用尺

タナローンの生地幅136cmをいっぱいに使ってドレープ感を出します。
(訳注:上記はインポートタナローンの寸法。国産タナローンの場合、生地の有効幅は110cmです。)

カーテン
- 幅=タナローンの生地幅すべて(136cm)
- 長さ(丈)=カーテンポールの下から床上約5cmまでの長さ+12cm(上部縫い代1cm、裾(すそ)折り返し11cm)

ループ(カーテン2枚分)
- 上記カーテン用にプラスして、長さ13cm(紐で結ぶタイプは30cm)分を余分に用意

裁断

プリント(タナローン"Viviana(ヴィヴィアナ)"):
- 本体 136cm×お好みの丈
  (縫い代・折り返し分を含める) 2枚
- ループ(カーテン2枚分) 136×3.5cm 3枚

白無地コットン:
- 上部折り返し 136×5cm 2枚(生地幅が足りない場合、布をつなぎ合わせて縫い代を割り、136cmになるように幅つなぎをしておく)

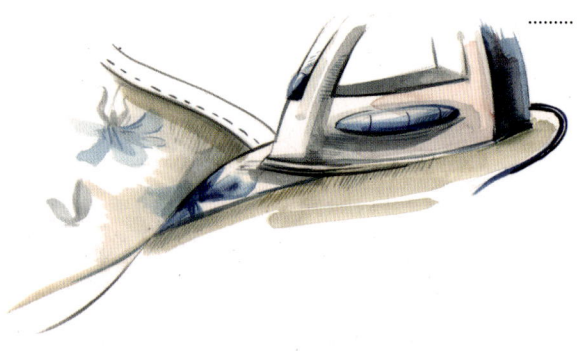

脇縫いをする　本体布の両脇を1cmの三つ折りにしてアイロンで押さえます。生地に合った縫い糸でミシン縫いし、もう一度アイロンをかけてきっちりと仕上げます。

裾を折り返す　裾を1cm折ってアイロンをかけ、さらに10cm折り込みます。テープメジャーまたは方眼定規で折り返しの高さを均一に揃えてアイロンで押さえ、まち針を打ちます。折り返しの左右と上端の三辺を、ミシンで直線縫いするか、手でまつります。

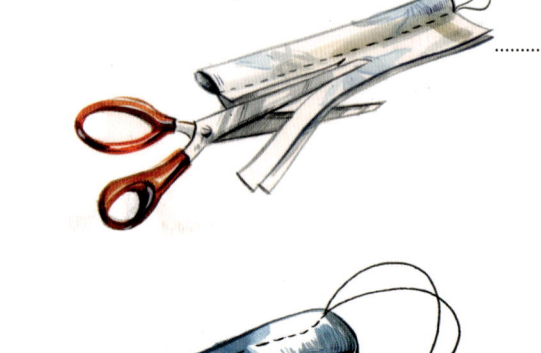

ループをつくる　仕上がりの長さ18cmのループが、カーテンポールに通るか確認してみましょう（必要なら長さを調節します。その際、ループの両端に各1cmの縫い代を入れて計算すること）。ちょうど良ければ、あらかじめ3.5cmの帯状に3本裁っておいたプリント布地から、長さ20cmで18本カットします。（カーテン1枚につき9本）。すべて中表でたてに二つ折りし、長い辺を縫い代1cmでミシン縫いします。縫い代を5mmにカットし、安全ピンやとじ針と糸、またはループ返しを使って表に返します。縫い代が片方に倒れるようにアイロンで押さえておきます。

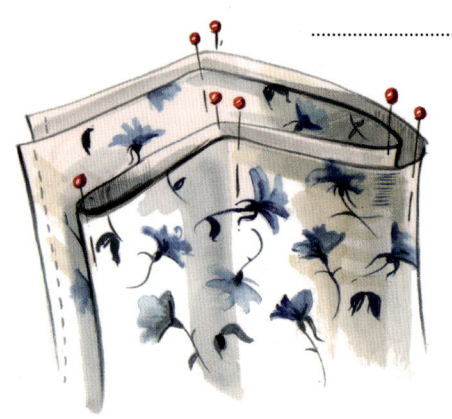

ループの位置を定める　ループ位置を簡単に決めるには、カーテンの上部を八等分に折ります。まず角をきっちりと合わせて二等分し、次に四等分、八等分と折っていきます。折り山すべてにまち針で印をつけておきましょう。次にループの裁ち端どうしを合わせて半分に折ります。カーテン表面の印の位置に、ループの裁ち端を上にして1本ずつまち針でとめます。残り2本はカーテン両端にとめましょう。

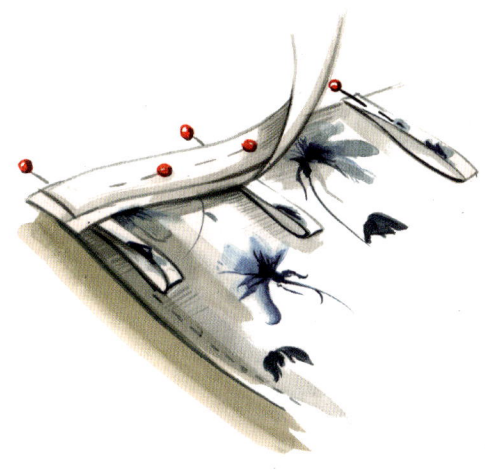

上部折り返しをつくる　白地布の左右と下端の三辺を、それぞれ1cm折ってアイロンで押さえます。上端の裁ち端をカーテンの上端に合わせてループの上にのせ、まち針でとめます。裁ち端から1cmの位置をミシン縫いします。

折り返しを仕上げる　白地布をカーテン裏面に返してまち針でとめ、四辺すべてを折り山から3mmでミシン縫いします。

応用編――結び紐をつくる

ループではなく紐で結ぶタイプにするには、あらかじめプリント布を3.5cmの帯状に8本（ループの場合は3本）裁っておきましょう。そこから長さ25cmで36本カットし、p.22を参照して紐を36本つくります。紐の片端は結び、もう片端は2本1組にしてカーテン上端に縫いつけます。ポールに結びつければでき上がりです。

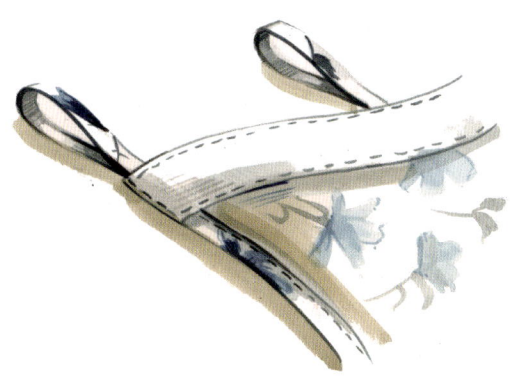

● カーテン丈を30cm長めにすると、裾が床についてやわらかく波打つような仕上がりになります。

シンプル仕立てのカーテン

エコバッグ

外出のときには必ず、環境に優しい布製エコバッグを持ち歩くのが今や当然のマナー。
ビニールのレジ袋はもう必要ありません。
同じデザインで素材を変えれば、どちらも実用的な2つのバリエーションができ上がります。
ひとつは丈夫でたっぷり入るポプリン製。
もうひとつはコンパクトにたためるタナローンのエコバッグ。
薄手で軽いタナローンは、折りたたんで小さな収納ケースにすっきりと収まる優れものです。
キーリングつきの収納ケースなので、使わないときもハンドバッグやキーに取りつければ
チャームとして楽しめます。

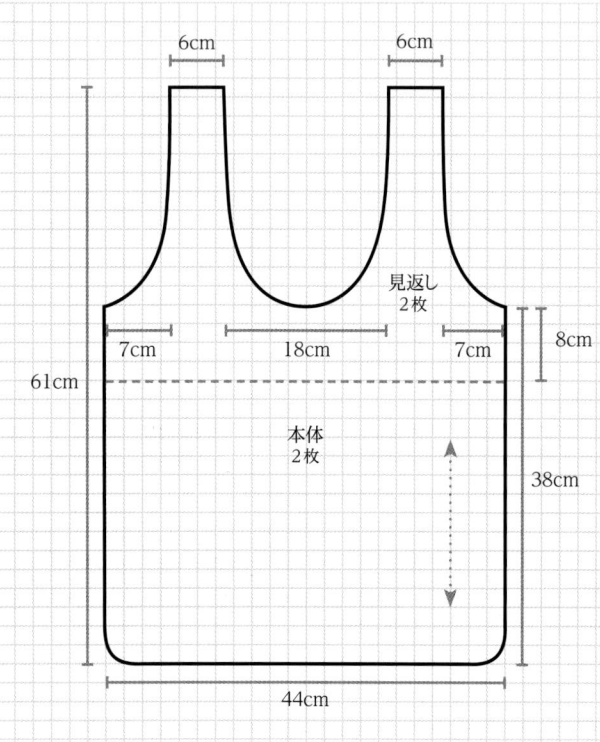

でき上がり寸法
- 幅42cm　深さ(入れ口から底まで)約36cm

材料
- タナローン"Kayoko (カヨコ)"またはポプリン
  (薄手または中厚手コットンの小柄プリント)　1m
- 布地に合わせた縫い糸
- 製図用紙
- リングキーホルダー
- スナップ(大)

裁断
バッグ本体、見返しともに型紙をつくって裁断します。
- 本体　2枚
- 見返し　2枚(左のバッグ用製図の点線から上)
- 収納ケース　10×15cm　4枚
  (短い一辺の両端を三角に切り落としておく)
- 収納ケース用ループ　4×10cm　1枚

方眼の1目盛り=2cm
注:製図の寸法は縫い代(1cm)分を含む

普段使いの小物たち

本体の前後面を縫い合わせる　本体布2枚を中表に合わせて両脇と底をまち針でとめ、縫い代1cmでミシン縫いします。縫い代はジグザグミシンまたはロックミシンで始末しておきます。表に返し、縫い代を整えてアイロンで押さえます。

見返しを縫い合わせる　見返し2枚も中表に合わせます。両脇の短い辺をまち針でとめ、裁ち端から1cmをミシン縫いします。縫い代は割っておきます。

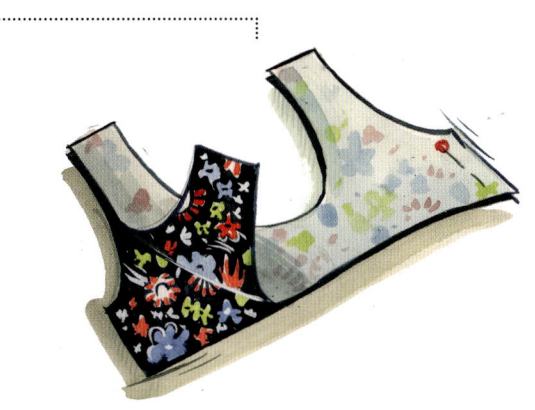

見返しをバッグに縫いつける　見返しの下端を1cm折り返してアイロンで押さえ、ミシンをかけます。見返しをバッグ本体の上部に中表でかぶせます。両脇の縫い目と持ち手の上端を揃え、まち針で見返しと本体を仮どめします。裁ち端から6mmをぐるりとミシン縫いします。

エコバッグ

持ち手にトップステッチをかける　持ち手4本の先端の角をそれぞれ三角に切り落とし、縫い代がもたつかないようにしておきます。見返しを表に返してバッグの内側に収めます。ペン先などで角を出し、縫い目がきっちり端にくるように指を入れて整えましょう。持ち手まわりの端から3mmにぐるりとトップステッチをかけます。アイロンで縫い目を押さえます。

仕上げをする　バッグ前面の持ち手2本の先を1.5cm重ね合わせ、まち針としつけで仮どめします。ミシン縫いで長方形の中にクロスのステッチを入れ、持ち手部分の生地4枚分をしっかりと補強縫いしましょう。バッグ後ろ面の持ち手も同様に縫い合わせたら、最後にしつけ糸をほどいてでき上がりです。

●見返しに色違いのプリントや無地のファブリックを使うと、また違った表情のバッグになります。

応用編 — 収納ケース

収納ケースの前後面をつくる　収納ケース用の布2枚を中表に合わせてまち針でとめます。両脇と、角を落とした入れ口の三辺を、縫い代6mmでぐるりとミシン縫いします。縫い代を3mmにカットし、表に返してアイロンで押さえます。残りの2枚も同じ要領で縫い合わせておきましょう。

ループをつくる　ループ用の布を、外表でたてに二つ折りします。いったん広げ、中心線に向かって両側を折り込んでアイロンをかけます。もう一度中心線で折ってアイロンで押さえます。重ねた4枚をまとめてしつけし、長い辺2本に沿って端からそれぞれ3mmの位置にトップステッチをかけます。しつけ糸をほどきます。

収納ケースを縫い合わせる　ループをキーリング下の輪に通して半分に折ります。裁ち端を片面の収納ケース底から2cm出して重ね、収納ケースの裁ち端に沿ってまち針としつけでとめます。もう片面を上に重ねてまち針でとめます。角を落とした両端を縫い始めと縫い終わりとし、両脇と底を、縫い目からは3mm、裁ち端からは6mmでぐるりとミシン縫いします。はみ出たループの先をカットして表に返すと、キーリングが収納ケースの底からぶら下がった形になっています。

スナップを縫いつける　入れ口に片側ずつスナップを縫いつけます。エコバッグをきっちりたたみ、収納ケースに入れて口を閉じたらでき上がりです。

（訳注：イラストではわかりやすいように内側の色を変えていますが、実際は外側と同じ表布です。）

● キーリングの代わりにシンプルなスプリットリングを使ったり、古いキーホルダーのメタル部分を再利用したりしても良いでしょう。

シェフのロングエプロン

昔ながらの長い裾のエプロンは家事をするときに欠かせないアイテム。
取り外し可能なハンドクロスつきのエプロンなら、ぬれた手もさっと拭けます。
ここでは丈夫なリネンまたはコットンドリル素材に、クラシックタナローンの
愛らしい"Betsy（ベッツィ）"柄で幅広のトリミングをあしらいました。
汚し放題の小さなシェフがキッチンに立つときも、
子供サイズの専用エプロンがあればいつも清潔でいられます。
「応用編」でご紹介するのは、伝統的なタナローンと
実用的なコットンドリルを組み合わせたリバーシブル仕立て。
つくり方は驚くほど簡単で、お子さまと一緒に取り組む初めてのソーイングにも最適です。

でき上がり寸法

大人用エプロン
胸当て上端から裾までの丈94cm　裾まわり78cm

子供用エプロン
胸当て上端から裾までの丈50cm　裾まわり42cm

材料

大人用エプロン
- 本体　オフホワイトの厚手リネンまたはコットンドリル
　　100×100cm
- 結び紐と縁布　タナローン"Betsy（ベッツィ）"
　　（薄手コットンの中柄プリント）　70×136cm
- 布地に合わせた縫い糸
- 製図用紙
- メタル製Dカン　2個
- 1cm大のスナップ　2組

子供用エプロン
- 本体　白地の厚手コットンドリルまたは
　　キャラコ　55×65cm
- 裏布　タナローン"Betsy（ベッツィ）"
　　（薄手コットンの中柄プリント）　65×65cm
- 布地に合わせた縫い糸
- 製図用紙
- 12mm幅の白地綿テープ　1.5m

型紙

大人用エプロン
方眼製図を参照してエプロン本体と縁布の型紙をつくり、切り取りましょう。長方形の各パーツ6種類は、p.32の「裁断」の寸法にしたがって型紙をつくります。ウエスト紐と首紐はどちらも、片方の先端を5cmのV字形にカットしておきます。

子供用エプロン
エプロン本体とポケットの型紙をつくって生地を裁断します。

普段使いの小物たち

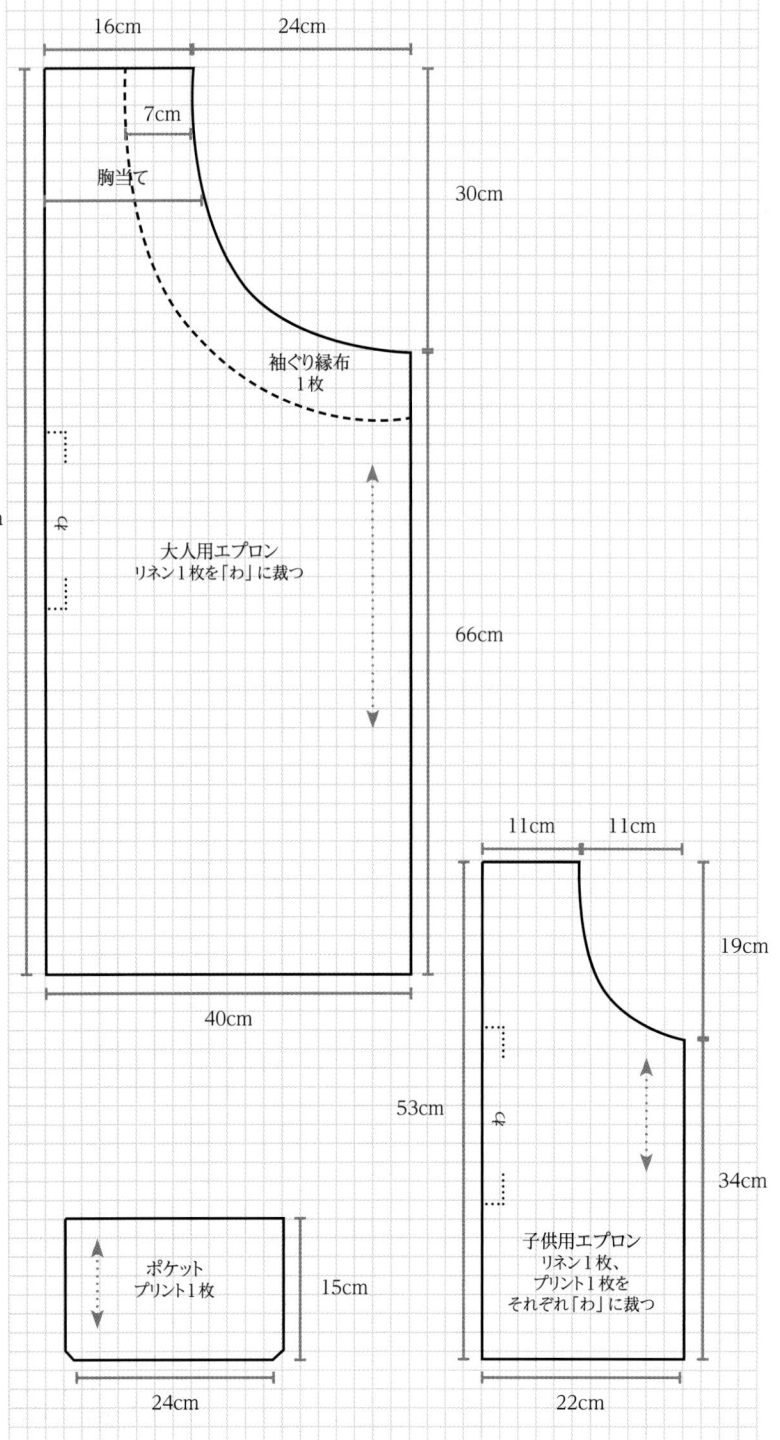

裁 断

布を裁つ前に、地直しをして布目のゆがみや縮みを防いでおきましょう。

リネンまたはコットンドリル：

大人用エプロン
- エプロン本体　1枚を「わ」に裁つ
- ハンドクロス　35×25cm　1枚

子供用エプロン
- エプロン本体　1枚を「わ」に裁つ

プリント：

大人用エプロン
- 袖ぐり縁布
　2枚（左右対照に1枚ずつ）
- 首元　7×32cm　1枚
- 両脇　7×66cm　2枚
- 裾　7×80cm　1枚
- ウエスト紐　12×60cm　2枚
- 首紐　12×87cm　1枚
- ハンドクロス　35×25cm　1枚

子供用エプロン
- エプロン本体裏布
　1枚を「わ」に裁つ
- ポケット　1枚

方眼の1目盛り=2cm
注：製図の寸法は縫い代(1cm)分を含む

普段使いの小物たち

袖ぐりの縁布を本体裏面に縫う　縁布2枚の下側のカーブを、それぞれ裏面に1cm折り、カーブに合わせて軽くひだを寄せながらしつけ糸でとめます。縁布の表面を本体の裏面に当ててまち針を打ち、上側のカーブを縫い代1cmでミシン縫いします。

袖ぐりの縁布を本体表面に縫う　左右両方の縁布をエプロンの表面に返したら、縫い目のカーブに沿ってアイロンをかけます。まち針で下側のカーブの折り目を本体にとめ、折り山から3mmをミシン縫いします。しつけ糸をほどきます。

ウエスト紐をつくる　ウエスト紐用の布1枚を、中表でたてに二つ折りします。長い辺と斜めにカットした端をまち針でとめ、縫い代1cmでミシン縫いします。縫い代の角を切り落として表に返し、角を出してアイロンで平らに押さえます。もう1本の紐も同じ要領でつくっておきましょう。

ウエスト紐を縫いつける　紐の折り山側を上にして、裁ち端を本体裏面の袖ぐりの角にまち針でとめます。端から6mmをミシン縫いします。同様にもう1本の紐も反対側の角に縫いとめます。

脇の縁布を縫いつける　脇縁布の長い辺の一辺と上端の短い辺を、それぞれ裏面に1cm折ってアイロンで押さえます。折り代を上にしてウエスト紐の端にのせ、折っていない方の長い辺を本体裏面にまち針でとめます。裁ち端から1cmをミシン縫いします。縁布を表に返してまち針でとめ、上端と長い辺の折り山から3mmをミシン縫いします。同じ要領で反対側の縁布も縫いとめましょう。本体の丈に合わせて裾をカットしておきます。

●エプロンの丈を長くしたり短くしたり、あるいは裾幅を狭くするなど型紙の寸法を変える場合には、それに合わせて必ず縁布の寸法も調整しましょう。

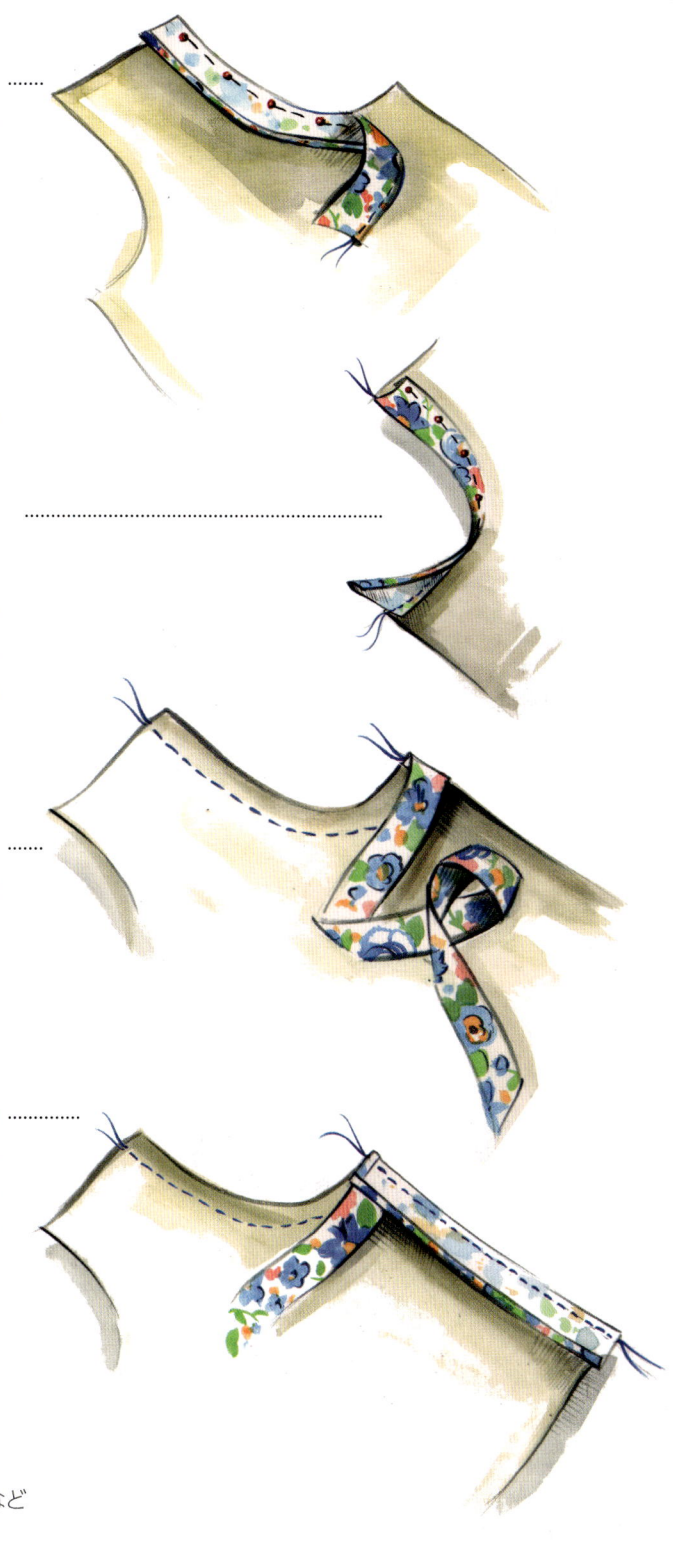

シェフのロングエプロン　33

裾の縁布を縫いつける　裾縁布の左右と上端の三辺を、それぞれ裏面に1cm折って本体の裾幅にぴったり合わせ、アイロンで押さえます。脇の縁布と同じ要領で、本体にミシン縫いします。表に返し、折り山三辺からそれぞれ3mmの位置にステッチをかけます。

首まわりを仕上げる　ウエスト紐と同じ要領で首紐をつくり、裁ち端から10cmをカットします。この10cmの紐をDカン2つに通して半分に折ります。裁ち端を本体裏面の左端に、縫い代6mmでミシン縫いします。同じようにして、長い方の紐の裁ち端を右端に縫いとめましょう。首元縁布の左右と下端の三辺を、それぞれ裏面に1cm折って本体の首幅にぴったり合わせ、アイロンで押さえます。裁ち端を本体裏面に当てて両角を合わせたら、まち針でとめます。縫い代1cmでミシン縫いしたら表に返し、これまでと同様にステッチをかけます。

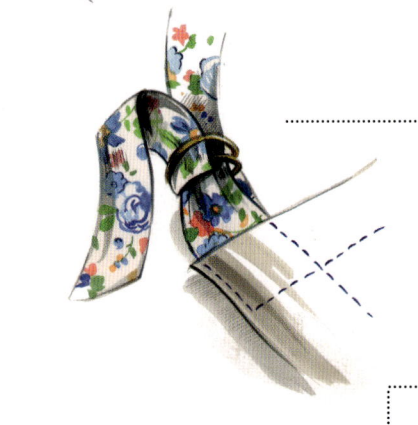

首紐をDカンに通す　紐をDカン2つにいったん通した後、2つの間をくぐらせて上に戻します。これで長さ調節のできる首紐の完成です。

ハンドクロスをつくる　ハンドクロス用の布2枚を中表に合わせ、まち針でとめます。長い方の一辺に10cm分の返し口を残し、周囲を縫い代1cmでミシン縫いします。角を三角に切り落として縫い代を割ったら表に返します。角を出して整え、アイロンで押さえましょう。返し口を合わせてしつけ縫いでとめます。クロスの周囲を端から3mmでぐるりとミシン縫いします。しつけ糸をほどきます。エプロンの前中心、袖ぐりのカーブ下13cmの位置にスナップ2つ（クロスの右上と左上）で本体にとめたらでき上がりです。

応用編 ― 子供用エプロン

ポケットをつくる　ポケット布の両脇と、角を落とした底の三辺を裏面に1cm折ります。次にポケット口を二度折って三つ折りにします。折り代すべてにしつけ縫いをしておきます。四辺にぐるりと端ミシンをかけた後、端から6mmでもう一度ステッチをかけます。しつけ糸をほどきます。

ポケットを縫いつける　ポケットを半分に折り、たて中心線にアイロンで折り目をつけておきます。次に、ポケットをエプロンの前中心、裾上16cmの位置にまち針でとめます。ポケットの両脇と底の三辺を、外側のステッチをなぞるようにミシン縫いします。中心線にステッチをかけて2つに仕切ります。

エプロンの表裏を縫い合わせる　本体布2枚を中表に合わせてまち針でとめます。首元を残し、胸当ての一方の角から1cm下がった位置を縫い始めとして、エプロンの周囲を縫い代1cmでもう一方の角下1cmまでぐるりとミシン縫いします。角はすべて、縫い目から3mmあけて三角に切り落としましょう。首元の返し口からエプロンを表に返します。糸切はさみやペン先を使って角を出したら、アイロンでしっかり押さえます。

首まわりを仕上げる　白地布を首元のラインに沿って1cmカットし、プリント布の方が長くなるようにしておきます。次にプリント布を白地布側に1cm折ってアイロンをかけ、さらに2枚重ねて1cm折り込んだらアイロンで押さえます。下の折り山から3mmの位置にステッチをかけます。

紐をつける　綿テープを長さ50cmで2本カットし、それぞれエプロン裏面のウエスト両脇に縫いつけます。残りのテープを首元の左右の角に縫いつけて、首紐をつくったら完成です。

シェフのロングエプロン　35

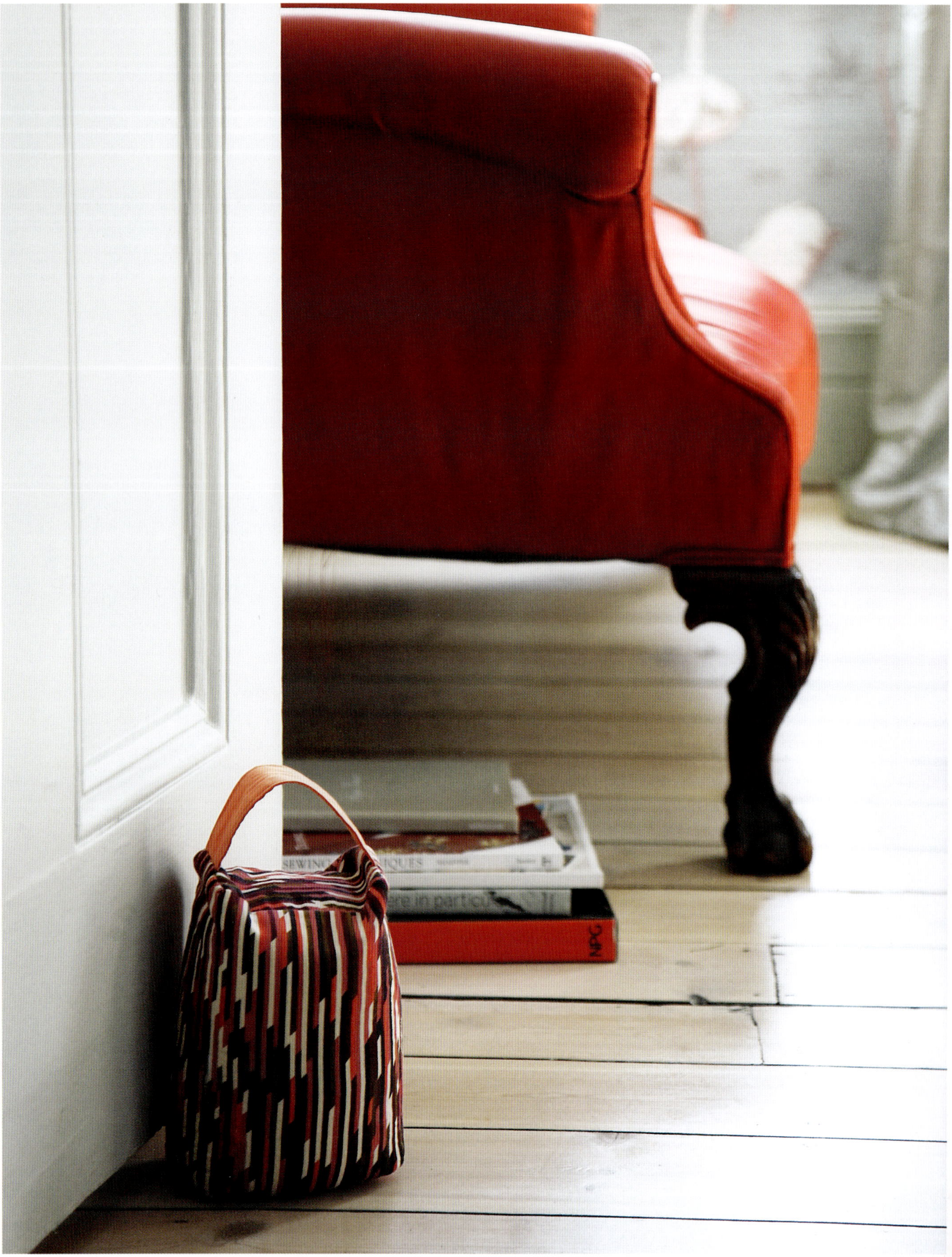

砂糖袋型ドアストッパー

日々の暮らしで気になるちょっとした悩みのタネを、
お手製の便利なアイテムで解消してしまいましょう。
大きなお砂糖袋や小麦粉袋の形をヒントに、
同じようにぎっしりと詰め物を入れたコーデュロイのドアストッパーをつくりました。
必要なときは、扉を大きく開けたままでしっかりと押さえていてくれる頼もしい存在です。
こんなに機能的なのに見た目はとてもスタイリッシュ。
それに中身は粒状のフィリングだから、足をぶつけても痛くないのがうれしいですね。

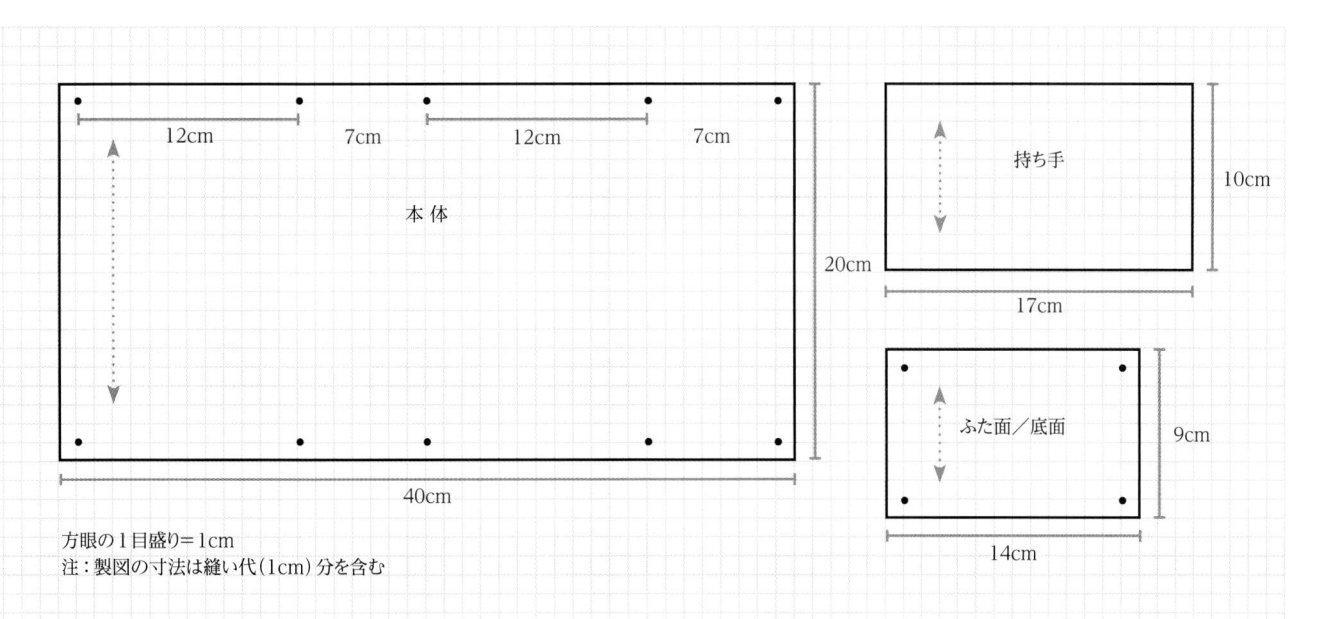

本体 40cm × 20cm（12cm／7cm／12cm／7cm）
持ち手 17cm × 10cm
ふた面／底面 14cm × 9cm

方眼の1目盛り＝1cm
注：製図の寸法は縫い代（1cm）分を含む

材料

- ロスモアコード"Mike（マイク）"（薄手細畝コーデュロイ[ニードルコード]のブロークンストライプ） 55×25cm
- 上記とコーディネイトした無地のコットン 35×25cm
- 布地に合わせた縫い糸
- 厚紙の筒（なくても可）
- 詰め物 約1.5kg（p.38のポイントを参照）

でき上がり寸法

- 高さ18cm 幅12cm まち7cm

裁断

コーデュロイ：
- 本体 1枚、ふた面 1枚

無地コットン：
- 持ち手 1枚、底面 2枚

注：製図の合印「・」はすべて布地に写しておく

持ち手をつくる　持ち手用の布を、中表でたてに二つ折りしてアイロンで押さえます。いったん広げて両側の長い辺を内側に1cm折り、アイロンをかけます。折り山を合わせてまち針でとめ、しつけ縫いをしておきます。布地に合わせた縫い糸で、四辺の端から3mmをぐるりと一周ミシン縫いします。しつけ糸をほどきます。

持ち手をふたに縫いつける　持ち手の左右を、ふた布表面の短辺側の中央に、裁ち端を合わせてまち針でとめます。（訳注：左絵では長辺側のようにも見えますが、持ち手はp.36の写真のように短辺側の中央につけます。）これがドアストッパーの上面になります。持ち手左右の端からそれぞれ6mmをミシンで2-3回しっかりと縫いつけます。

本体を筒型に縫い合わせる　本体の製図に示した10箇所の合印「・」に、長辺側から6mmの切り込みを入れます。本体の左右の端を中表に合わせて筒型にし、まち針でとめます。上下をそれぞれ1cm残し、縫い代1cmでミシン縫いします。縫い代は割っておきましょう。

● ドアストッパーを室内のみで使用する場合、お米や小豆、小麦などを中に詰め、乾燥させたラベンダーをひとつかみ入れると、ほのかな香りが楽しめます。ただし天然素材の詰め物は水にぬれると傷んでしまうため、玄関や裏口で使う場合には、プラスチックパイプを詰めましょう。

本体にふたを縫いつける　ふた布の持ち手側を上に向け、本体の一方の開口に中表で合印を合わせてまち針でとめます。合印の切り込みが開いて筒型の側面が長方形になります。端から1cmでしつけ縫いし、そのすぐ脇にミシンを2回かけます。持ち手のつけ根には、さらに2回ステッチをかけて補強しておきます。しつけ糸をほどきます。

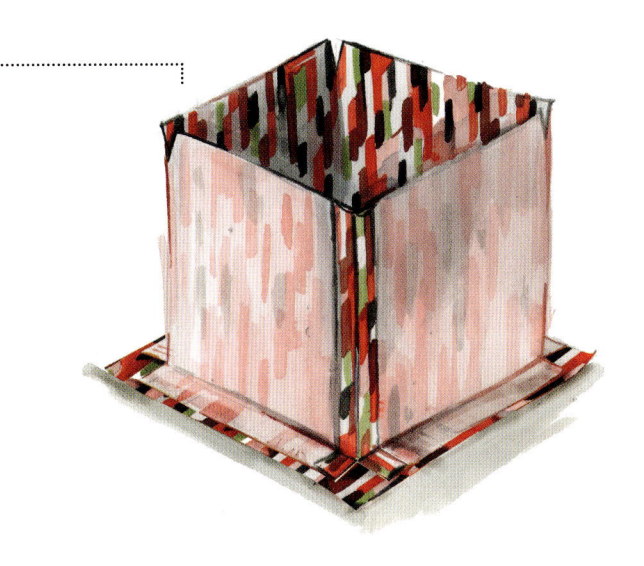

本体に底を縫いつける　底用の無地コットンを2枚合わせてしつけ縫いをし、丈夫な底面をつくっておきます。底面を本体のもう一方の開口に当てます。詰め物の入れ口として長辺側の8cmを残し、まち針としつけで仮どめした後、ふた布と同じようにミシン縫いをします。しつけ糸をほどきます。次に、8cmの入れ口からていねいに表に返します（少し返しにくいですが、やってみましょう）。先の丸い鉛筆などを使って角を出します。

仕上げをする　最後に詰め物を入れます。厚紙の筒を（またはボール紙を巻いて）入れ口に当て、詰め物をゆっくりと流し込むのが簡単なやり方です。ていねいに時間をかけて、袋の中がいっぱいになるまで入れましょう。ぎっしり詰まったら、入れ口を合わせてまち針でとめます。縫い糸を2本取りにして、コの字とじ（p.153参照）でしっかりと縫い合わせましょう。

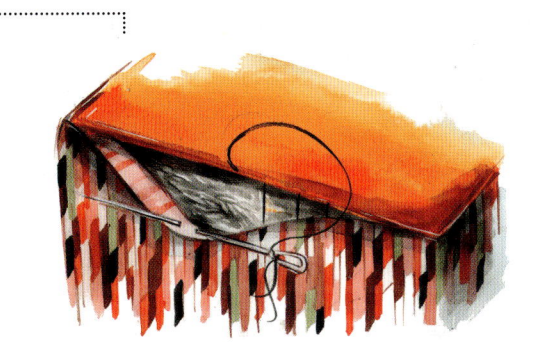

砂糖袋型ドアストッパー

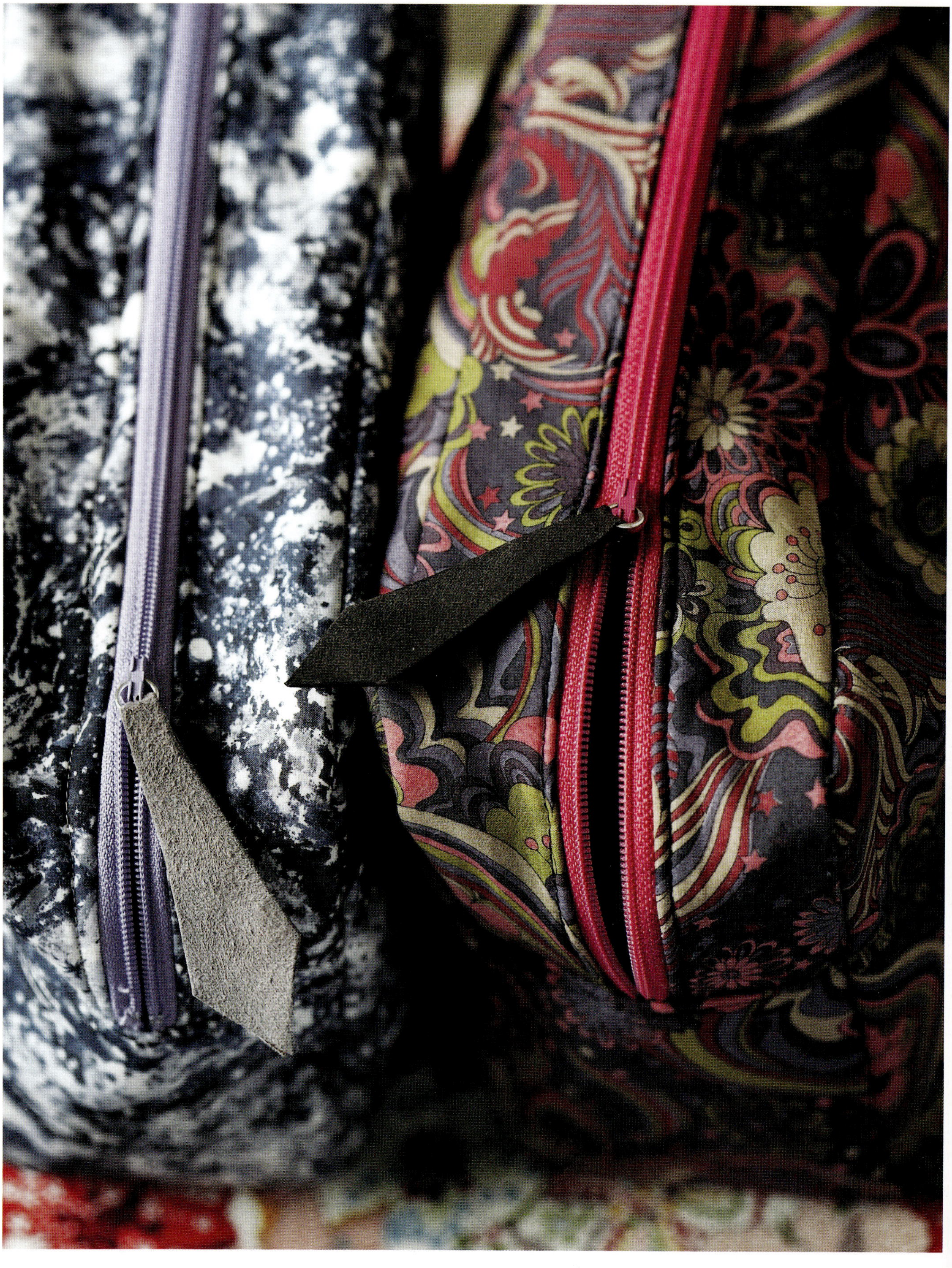

革の引き手のコスメポーチ

リーズナブルからラグジュアリーまで、
店頭にはバリエーション豊富な既製のポーチが並んでいるのに
わざわざ手づくりするなんて……。
でも、お手製のこんなギフトなら誰でも大歓迎ではないでしょうか？
じっくり吟味して選んだコスメグッズを中に詰めれば、
心のこもった特別な贈り物の完成です。
自分でも思わず欲しくなってしまいそう。
そんなときは、お気に入りのタナローンで自分へのご褒美をつくってあげましょう。

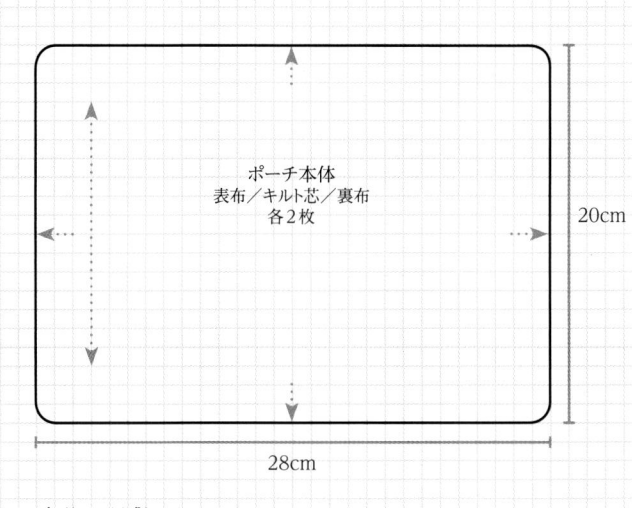

ポーチ本体
表布／キルト芯／裏布
各2枚

20cm
28cm

方眼の1目盛り＝1cm
注：裁断寸法は縫い代分を含む

でき上がり寸法

幅26cm　高さ18cm　まち8cm

材 料

- 表布　タナローン"Sheona（ショーナ）"または
  "Ameila Star（アメリア・スター）"
  （薄手コットンの中柄プリント）35×110cm
- 裏布　薄手のコーティング素材　表布と同寸法
- 薄手のコットンキルト芯　表布と同寸法
- プラスチックファスナー　長さ42cm
- 布地に合わせた縫い糸
- 製図用紙
- ニッパー、小型ペンチ、8mm大の丸カン
- 革の端布

型 紙

製図用紙で型紙をつくります。

本体
- 左図を参照して、各辺の中央に矢印をつけておく

ファスナーまち
- 5×44cmの長方形

底まち
- 10×53cmの長方形

裁 断

ポーチ本体2セット、底まち1セット、ファスナーまち2セットは、それぞれ表布・キルト芯・裏布の3枚を重ねてセットにします。
上記5セットはいずれも、p.42の説明を参照して長方形にカットし、3層に重ね合わせておきます。

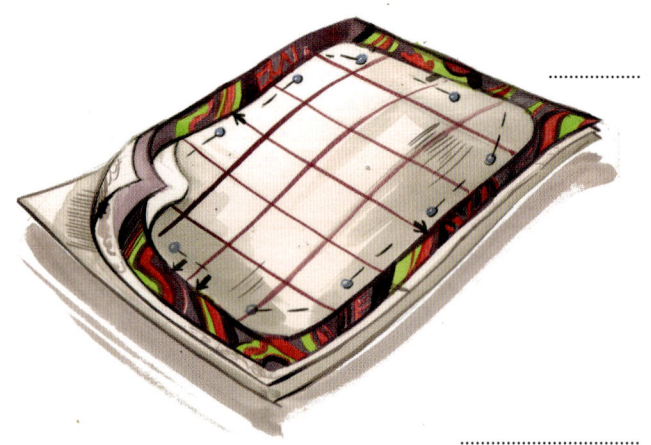

パーツごとに3枚の層にする　ポーチのパーツ5セットをつくります（「裁断」を参照）。まず、それぞれのパーツを型紙の周囲に2cmプラスした寸法でカットし、3枚の層に重ね合わせます。最初に裏布の表面を下にして置き、次にキルト芯、最後に表布の表面を上にして重ね合わせます。この3層に型紙を重ねてまち針でとめ、型紙の輪郭をきっちりとなぞるようにミシン縫いします。縫い代を3mmにカットします。型紙の合印は、すべて布地に写しておきましょう。

ファスナーまちにファスナーをつける　ファスナーを開きます。ファスナーまち表面にファスナーを下向きにのせます。まちの長い辺とファスナーのテープ端を合わせ、下止がまちの端から1.5cm内側になるように置きます。ファスナーテープをしつけで仮どめします。ミシンに押さえ金をセットし、ファスナーの歯から3mmの位置を縫います。半分まで縫ったら針を刺したまま押さえ金を上げてファスナーを閉じ、端まで縫います。

反対側のファスナーまちにファスナーをつける　ファスナーテープをまち裏面に返してアイロンをかけ、縫い目から3mmの位置にトップステッチをかけてテープを押さえます。同じ要領でもう一方のまちに反対側のファスナーを縫いつけます。しつけ糸をほどきます。

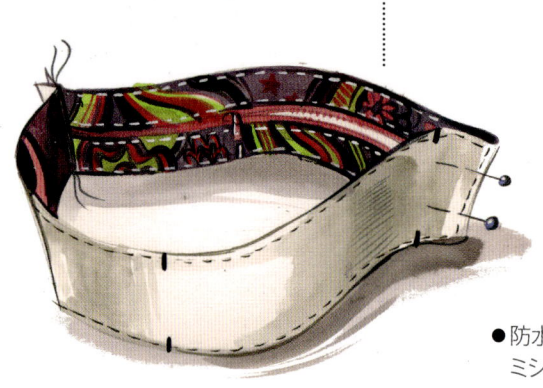

まちを縫い合わせる　必要に応じて、ファスナーまちと底まちの幅を揃えてカットしておきます。まちどうしを中表に合わせ、短い辺をまち針でとめて輪にします。まち両端のあき口をまっすぐに揃えましょう。短い二辺を縫い代1.5cmでミシン縫いします。ファスナーまちと底まちそれぞれの中央、さらにその2点間の中央にも裏面に印をつけておきます（本体の矢印と合印になります）。

- 防水コーティング素材やラミネート生地には、ミシン縫いがしにくく専用の押さえ金が必要なものもあります。シャワーカーテン用の薄手素材なら裁断もしやすく、また汚れにも強いのでおすすめです。

42　普段使いの小物たち

まちにトップステッチをかける 縫い代を底まち側に倒してアイロンで押さえ、縫い目から3mmでトップステッチをかけます。

まちと本体を仮どめする 輪にしたまちと本体の片方を中表にし、四辺の中央（合印）をすべて合わせてまち針でとめていきます。カーブまでまち針を打ったら、まちの縫い代に6mmの切り込みを5箇所ずつ入れ、カーブの丸みに沿って広がるようにします。

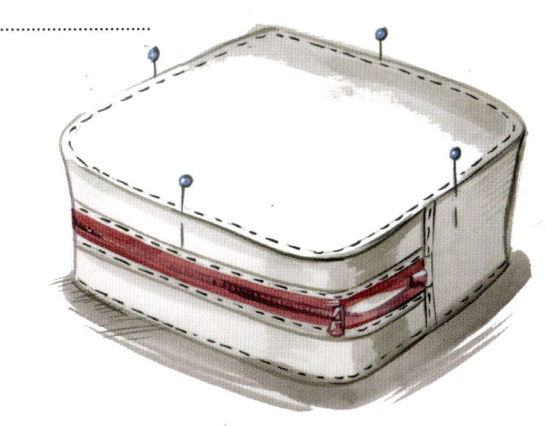

まちと本体を縫い合わせる まちを本体のカーブに合わせて整えながら、端から1cmでしつけ縫いします。本体の周囲を縫い代12mmでぐるりとミシン縫いします。ファスナーを開き、同じ要領でもう一方の本体を縫い合わせます。縫い代はジグザグミシンまたはロックミシンで始末しておきます（時間があれば、バイアステープで始末しましょう）。しつけ糸をほどいて表に返します。

革の引き手をつくる ファスナーの金具引き手をニッパーでていねいに外します。右絵を参考に引き手の型紙をつくります。長さ7cm、幅2cm（最大幅）で、上端の幅は丸カンが通るくらいに細くしましょう。型紙を革の端布に貼り、左右二辺とＶ字の下端をカットします。

引き手を仕上げる カットした革を折り返し、引き手の下端を反対側の革に貼ります。小型ペンチで丸カンを広げて革の折り返し部分に通します。反対側の革も同じ形にカットします。丸カンをファスナーのスライダーに通し、口を閉じたら完成です。

革の引き手のコスメポーチ

ローマンシェード

昔ながらの手法でローマンシェードをつくるには、綿密なサイズ計算、
基礎的な木工技術、それに上級レベルのミシン技術など、ハードルがとても高そうです。
ここでは、そんな手間をかけなくても手早く簡単にでき上がる、
プレーンな裏地なしのシェードをご紹介します。
写真は単色のキャンバスプリントが美しい
"Kate Nouveau（ケイト・ヌーボー）"柄のローマンシェード。
アールヌーボー調の流れるような曲線美をシェード全体で堪能できます。
シンプル仕立てだから午後の半日で仕上げられ、
必要な材料はすべてホームセンターまたはオンラインで入手できるでしょう。

でき上がり寸法

窓の寸法に合わせたお好みのサイズ

材料

- コットンキャンバス"Kate Nouveau（ケイト・ヌーボー）"
  （インテリア用厚手コットンの大柄プリント）
- 布地に合わせた縫い糸
- ソーイングセット(ミシンはなくても可)
- 製図用紙
- 角材　3cm角でシェード幅と同じ長さ
- ステープルガン
- 平角材　3cm幅でシェード幅より3cm短いもの
- ブラインドリング(小)
- ヒートン(小)　4個
- ナイロン製ブラインドコード　シェード丈の8倍の長さ
- タッセル(コード持ち手)
- ねじ(大)、壁ロック、3cmのL字ブラケット
  （壁や窓枠への設置用）
- コードクリート(コードをたくし上げたときの巻きどめ金具)

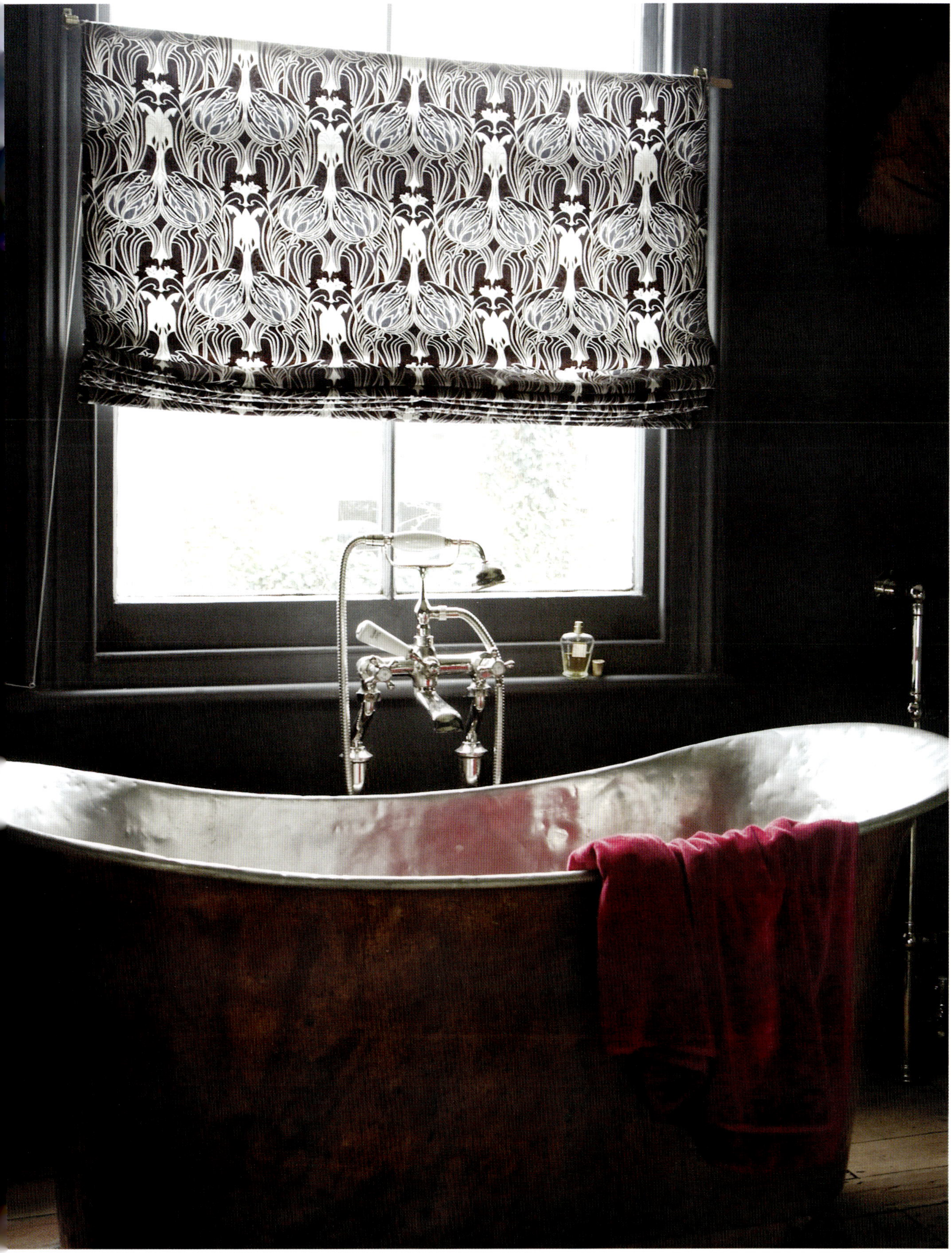

用尺

まず、ローマンシェードを吊す位置を決めましょう。このシェードは3cm角の木製ヘッドバーで吊すタイプです。窓のサイズや形に応じて、張り出した窓などの上部壁に取りつけるタイプ、窓枠やサッシの上端に取りつけるタイプ、または写真のように窓の下半分を覆うタイプの取りつけ方があります。

幅＝窓幅または窓の張り出し幅＋15cm（壁や枠との打ち合い分および脇縫い代）

長さ（丈）＝上枠から下枠までの長さ＋10cm（木製のヘッドバーとウェイトバーの巻き代）　＊下枠よりも下に垂らす場合はさらに＋10cm

裁　断

あらかじめ製図用紙を何枚かテープでつなげて実物大型紙をつくり、正確な寸法を取っておきましょう。裁断する前に折り返し分を実際に折り、仕上がりサイズが窓の寸法に合うことを再度確認しておきます。次に型紙をたてに二つ折りします。中央の折り目を模様のたて中心に当て、柄が左右対称になるようにします。半分に折った片方をまち針で布にとめ、型紙を広げてもう半分にもまち針を打ちます。布を裁ちます。

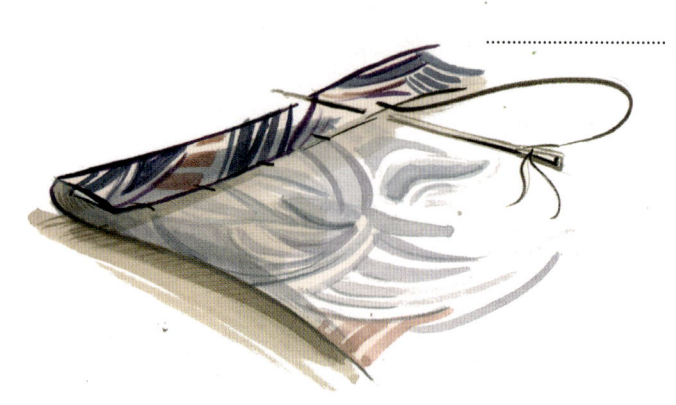

脇縫いをする　布の両脇を細い三つ折りにしましょう。まず1cm折ってアイロンをかけ、次に1.5cm折ってもう一度アイロンで押さえます。折り山はミシンまたは手縫いでかがります。

ウェイトバーをつくる　シェードにたわみが出ないように、裾に細長い平角材を入れて重りにします。裾を1cm折ってアイロンをかけ、さらに4cm折ってもう一度アイロンで押さえます。折り山はミシンまたは手縫いでかがります。平角材をさし入れたら左右のあき口をコの字とじで縫いとめ、角材が出ないようにしておきます。

● リピート柄の模様の高さに合わせてリングを水平に取りつけると、シェードが折りたたまれたときもさりげないモチーフの連続が楽しめます。

普段使いの小物たち

布をヘッドバーに取りつける　ヘッドバー用の角材を、お好みでシェードや壁の色に合わせてペイントします。メタルのL字ブラケットをヘッドバー下面の両端から2cmの位置にねじでとめます（実際の寸法は窓によって異なるので、必要に応じて調整してください）。ヘッドバーをシェード裏面の上部に当てます。シェードの上端をバー後面の高さ半分まで巻き、ステープルガンでとめます。この面が壁側になります。

リング位置を決める　昇降コードを引くと、シェードがソフトなひだ状に折りたたまれる仕組みをつくります。リングを通ってコードが引かれるので、取りつけるリングの間隔によってひだの幅が決まります（間隔が狭いほど、ひだは細かくなります）。写真のバスルーム用シェードでは15cmおきですが、間隔を広げてもっと大きなひだにしても良いでしょう。まず、シェード裏面のたて中心線にメジャーを置き、消えるタイプのチャコペンで裾上10cmに最初の印をつけます。同じたて列上に15cm（またはそれ以上）間隔で印をつけていきます。両脇のたて列はシェードの脇線から5cmの位置で、中心線のリングと同じ高さに印をつけます。印の位置にリングをひとつずつ縫いつけていきます。

ヒートンをつける　ヒートンを3本のたて列上のヘッドバー下面につけます。昇降操作を左右どちらで行うかを決め、4つ目のヒートンは、昇降コード側のヘッドバー下面端から2cmの位置につけます。

コードを通す　コードの先端を、昇降操作で引っ張る側のいちばん裾のリングにしっかりと結びます。もう一方の先端をこのたて列のリングに次々と通し、最後に2つのヒートン（上部と昇降操作側）に通して脇に出します。コードはシェードの裾下20cmでカットします。2列目と3列目のコードも同じ要領でリングに通します。最後にそれぞれ上部のヒートンに順次通していき、同じ長さでカットします。コードの先はまとめてタッセルに通してゆるく結んでおきましょう。

シェードを取りつける　L字ブラケットを使って窓枠にシェードを取りつけます。直接壁に取りつける場合は、ヘッドバーを壁の張り出しから10cm上にねじでとめます。タッセルの位置がシェード裾と並ぶようにコードの長さを調整し、しっかりと結んだら先端をカットします。

コードクリートをつける　壁または窓枠にクリートを取りつけ、シェードをたくし上げたときにはコードを巻いておくようにしましょう。

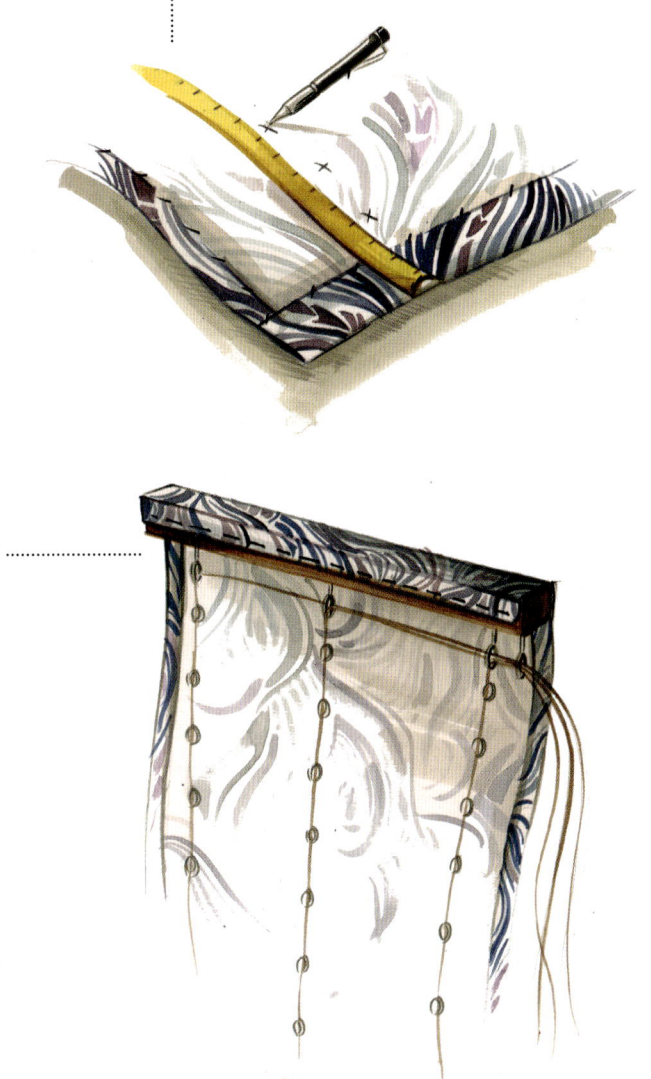

ローマンシェード

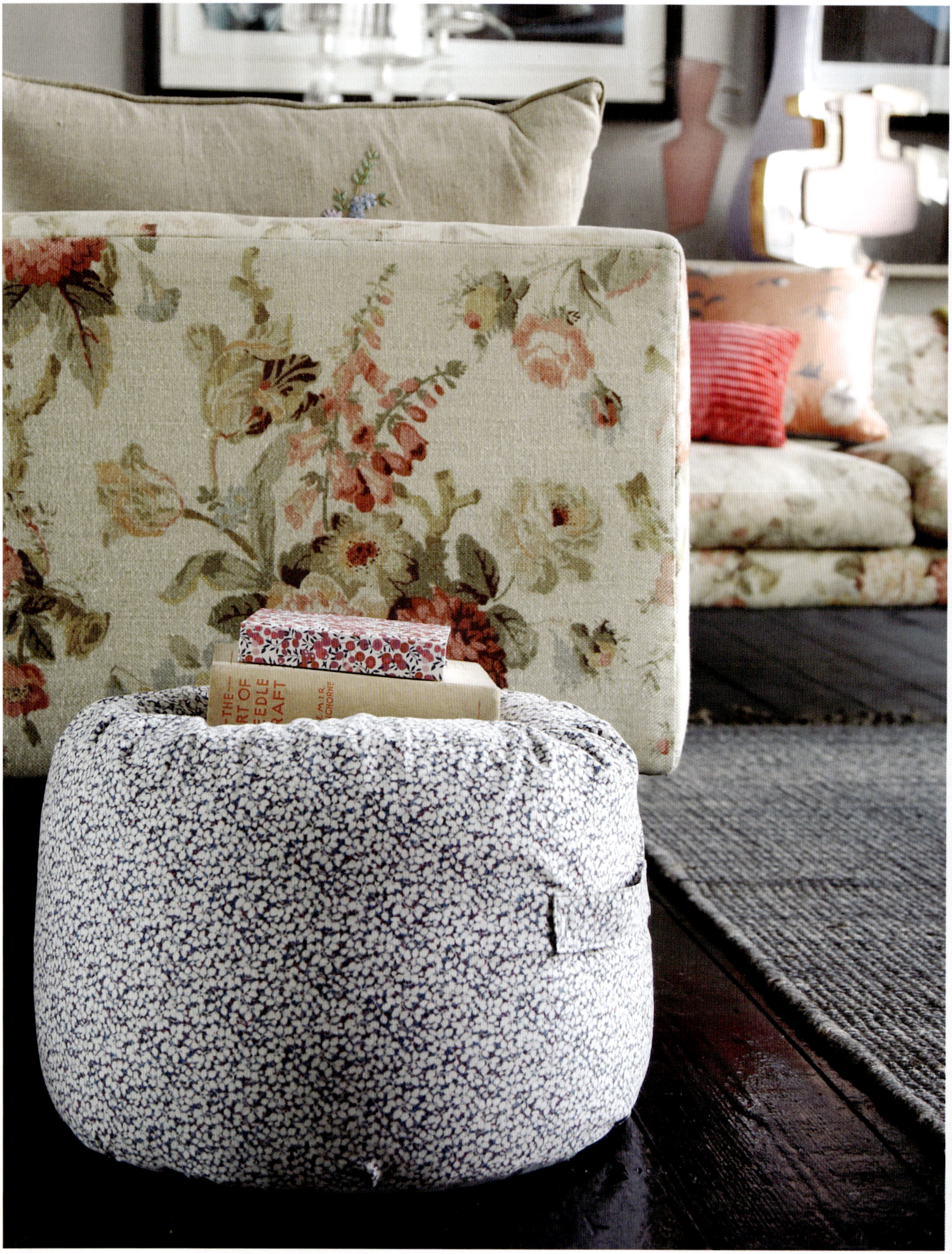

丸底ビーズクッション

プーフ、フットスツール、オットマン、ビーンバッグチェア……。
いろいろな愛称で親しまれるこのクッション。
足をのせたり、読みかけの本や雑誌を置いたり、ときには腰掛けになったりと、
リビングでは何役もこなしてくれるアイテムです。
でもふと気がつくと、背中をくるんと丸めて眠る小さな子供やペットたちの
絶好のお昼寝場所になっているかもしれません。
カバー布にはソフトな肌触りで軽い伸縮性のあるロスモアコードを使い、
見た目もふっくらと心地良さそうに仕上げました。

でき上がり寸法

直径40cm　高さ30cm

材料

- 本体カバー布　ロスモアコード"Pablo Pepper（パブロ・ペッパー）"（やわらかい薄手細畝コーデュロイの微細柄プリント）　90×136cm
- 底面　厚手キャラコ　45×50cm
- 中袋　薄手コットンまたは薄手キャラコ　90×136cm
- 製図用紙
- ファスナー　長さ40cm
- 布地に合わせた縫い糸
- 詰め物　ポリスチレンビーズ（写真では56リットル使用）

裁断

本体カバー布：
- 上面　上面用型紙を使って裁断　1枚
- 側面　32×136cm　1枚
- 持ち手　16×18cm　2枚

底面：
- 底面用型紙を使って裁断　2枚

中袋：
- 上面／底面　上面用型紙を使って裁断　2枚
- 側面　32×136cm　1枚

注：裁断寸法は縫い代分を含む

型 紙

上面用型紙
- 製図用紙に直径42cmの円を描いて切り取ります。

底面用型紙
- 円形の上面用型紙を半分に折り、製図用紙に描き写しておきます。直線部分に縫い代2cm分(あき口用)をプラスして切り取ります。

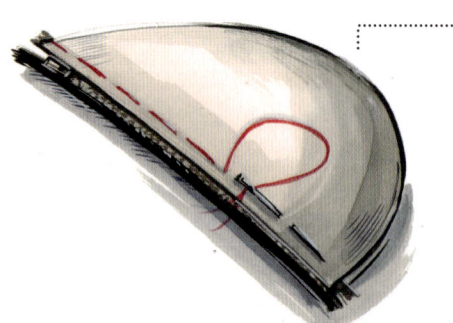

底面をつくる　底面用の半円布の直線に沿って2cm折り、アイロンで押さえます。ファスナーを開いて歯が折り山から出るように沿わせ、ファスナーテープをしつけでとめます。同じ要領で、もう一方の半円にも反対側のファスナーをしつけ縫いします。ミシンに押さえ金をセットし、どちらもファスナーの歯から3mmの位置を縫います。しつけ糸をほどきます。

持ち手をつくる　持ち手用の布を、外表でたてに二つ折りします。いったん広げて両側の裁ち端を中心線に向かって折り込み、アイロンで押さえます。左右を1cm折ってアイロンをかけます。もう一度中心線で折り、長い辺2本に沿って端からそれぞれ3mmでミシン縫いします。もう一方の持ち手も同じ要領でつくっておきましょう。

側面を縫い合わせる　側面用の布の短い辺どうしを中表に合わせ、まち針でとめて輪にします。縫い代1cmでミシン縫いします。縫い代を割って表に返します。

持ち手を縫いつける　持ち手のひとつを、側面の上端から12cmの位置で縫い目と垂直に置き、まち針でとめます。持ち手の両端を、ミシンで補強縫い(小さな長方形の中にクロスのステッチを入れる)をして側面にとめます。もう一方の持ち手も反対側の同じ位置に縫いつけます。

- 寸法を調整してもっと大きなソファ型にすることもできます。サイズに合った大判の裏布や詰め物用のビーズは、ホームセンターのインテリア資材コーナーなどで手に入るでしょう。

合印をつける　上面の円周と側面の上端の両方に、それぞれ八等分した合印をつけましょう。まず円を二つ折り、四つ折り、八つ折りとたたみ、それぞれの折り山にまち針を打ちます。側面は中表に返し、同じ要領で八等分にまち針を打っていきます。

上面と側面を縫い合わせる　上面と側面を中表にし、八箇所の合印を合わせてまち針でとめます。端から1cmでしつけ縫いをします。どの部分でも高さが均等になるように双方の布を整え、必要に応じて側面を細かいプリーツ状にたたんで調整しましょう。縫い代1cmでミシン縫いしたらしつけ糸をほどきます。

底面と側面を縫い合わせる　底面の円周に、3cm間隔で6mmの切り込みをぐるりと入れ、側面の布に縫い合わせやすいようにしておきます（上面のコーデュロイ素材はキャラコよりもやわらかく折り曲げやすいため、この作業は必要ありません）。ファスナーを半分開けたら、上面と同じ要領で、底面と側面にしつけをかけてミシン縫いします。ファスナーのあきから表に返し、縫い目をアイロンで軽く押さえます。でき上がったチェアカバーのファスナーは全開にしておきます。

中袋を縫う　中袋側面用のキャラコの短い辺どうしを合わせ、あき口用に中央の10cmを残して縫い代1cmでミシン縫いします。カバー布と同じ要領で、上面と底面の円に縫いつけたら、10cmのあき口から表に返します。ポリスチレンビーズの袋の片端をカットし、厚紙の筒を差し込んでしっかりとテープでとめます。もう一方の筒先を中袋のあき口に入れてビーズをゆっくりと流し入れます。中身がいっぱいになったら、あき口をコの字とじで縫います。ビーズを詰めた中袋をチェアカバーに入れ込み（ちょっと入れにくいかもしれません）、最後にファスナーを閉めたら完成です。

応用編 ── パッチポケット

持ち手の代わりに、大きなパッチポケットを両脇につけてみましょう。読みかけのペーパーバックやリモコンなどを入れる便利な収納スペースができ上がります。

丸底ビーズクッション　51

キャンバス地のトートバッグ

いくつ持っていてももっと欲しくなる……
女性なら誰しもそんなバッグの魔法にかかっているかもしれません。
ショルダー、クラッチ、トート、お店には魅力的なバッグがずらりと並んでいるけれど、
自分らしさを表現できる私だけの「一点もの」をこしらえるのはまた格別です。
ここでご紹介するのは収納力抜群のトートバッグ。
丈夫なコットンキャンバス地にスプラッシュ・ドット柄をちりばめた"Rumble（ランブル）"の表布、
そして内側からちらりとのぞくタナローン地のモノトーン柄"Millie（ミリー）"が、
意外な組み合わせの楽しさを教えてくれます。

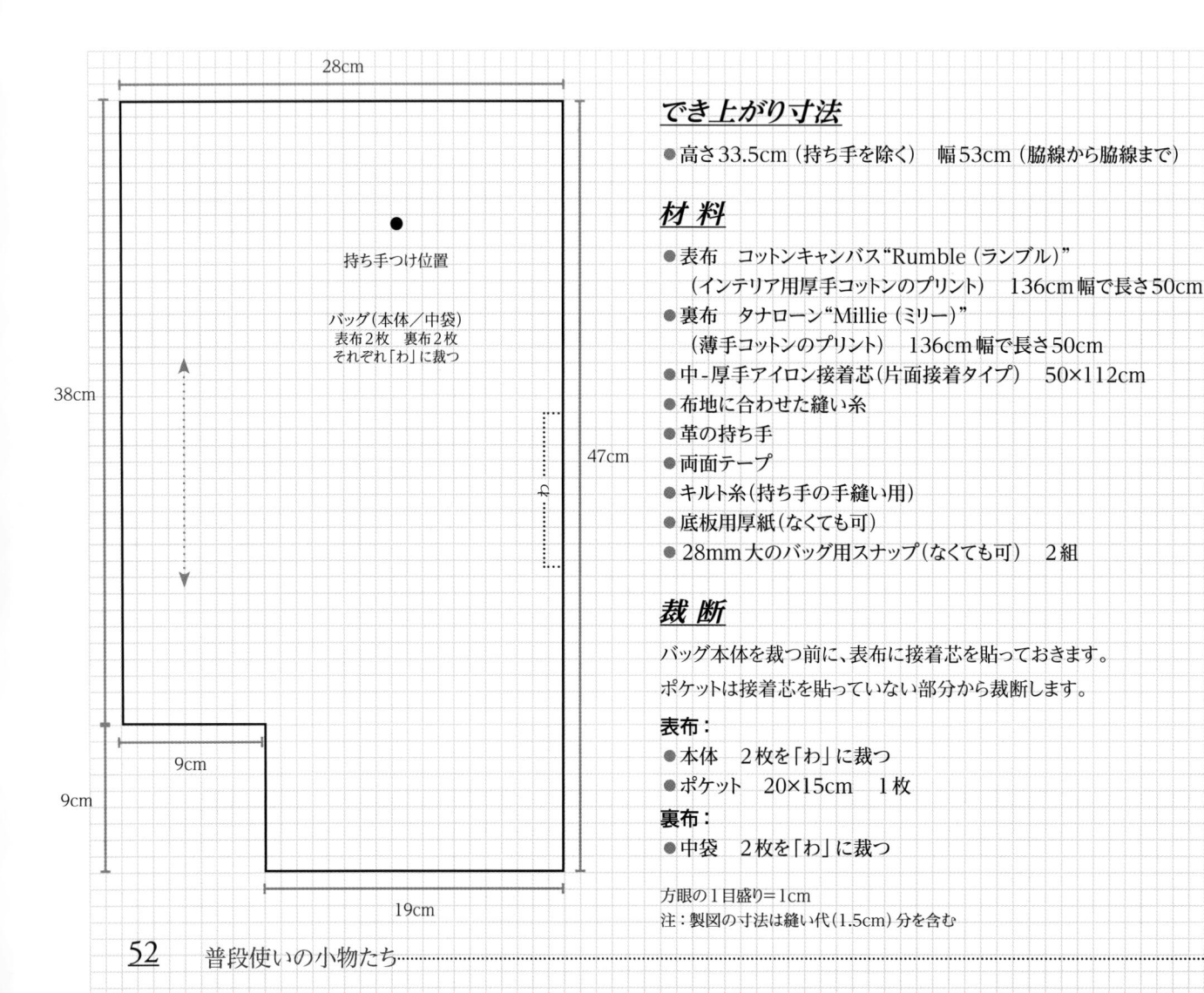

でき上がり寸法

- 高さ33.5cm（持ち手を除く）　幅53cm（脇線から脇線まで）

材料

- 表布　コットンキャンバス"Rumble（ランブル）"
（インテリア用厚手コットンのプリント）　136cm幅で長さ50cm
- 裏布　タナローン"Millie（ミリー）"
（薄手コットンのプリント）　136cm幅で長さ50cm
- 中-厚手アイロン接着芯（片面接着タイプ）　50×112cm
- 布地に合わせた縫い糸
- 革の持ち手
- 両面テープ
- キルト糸（持ち手の手縫い用）
- 底板用厚紙（なくても可）
- 28mm大のバッグ用スナップ（なくても可）　2組

裁断

バッグ本体を裁つ前に、表布に接着芯を貼っておきます。
ポケットは接着芯を貼っていない部分から裁断します。

表布：
- 本体　2枚を「わ」に裁つ
- ポケット　20×15cm　1枚

裏布：
- 中袋　2枚を「わ」に裁つ

方眼の1目盛り=1cm
注：製図の寸法は縫い代（1.5cm）分を含む

図中：
- 28cm
- 持ち手つけ位置
- バッグ（本体／中袋）表布2枚　裏布2枚　それぞれ「わ」に裁つ
- 38cm
- 47cm
- 9cm
- 9cm
- 19cm

普段使いの小物たち

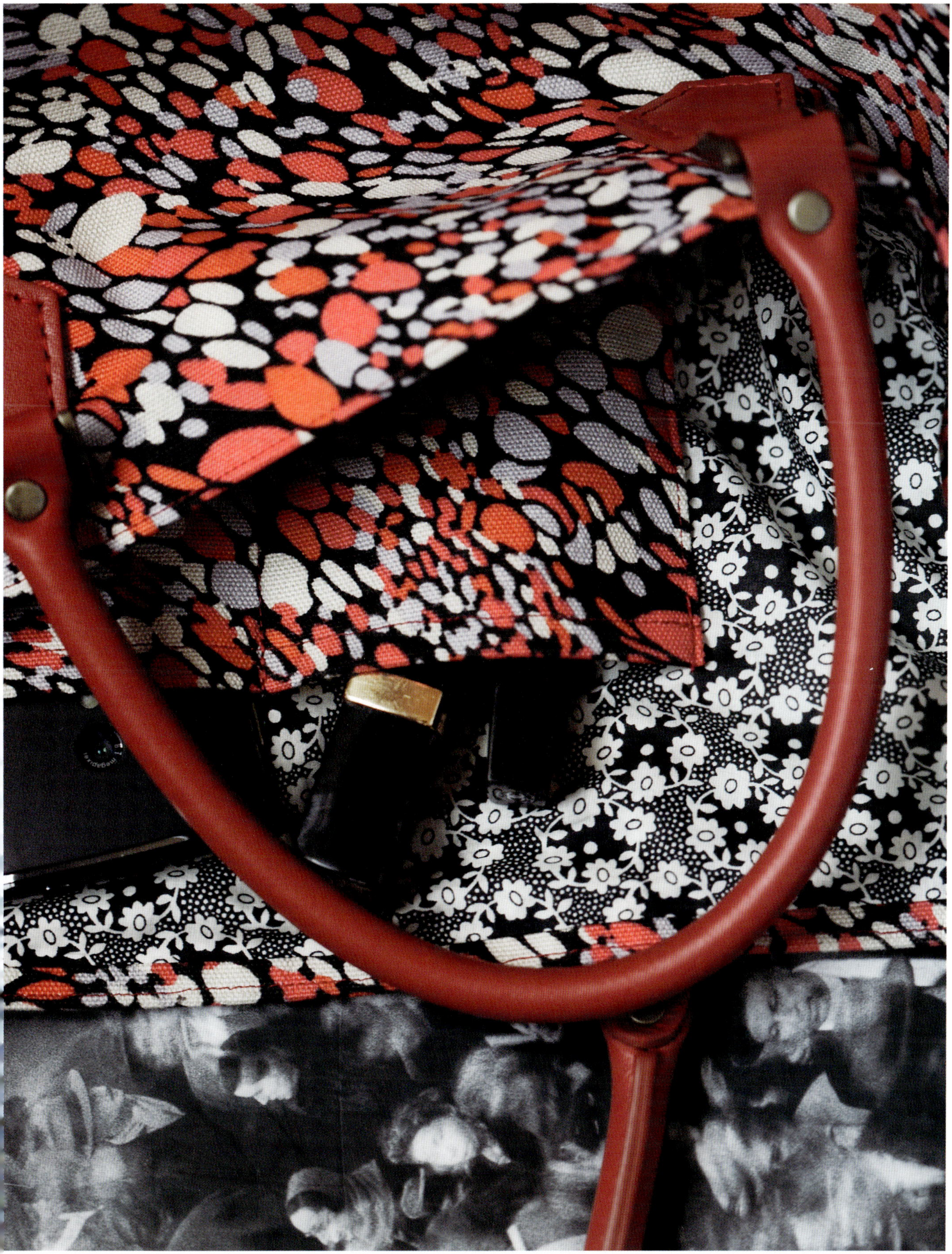

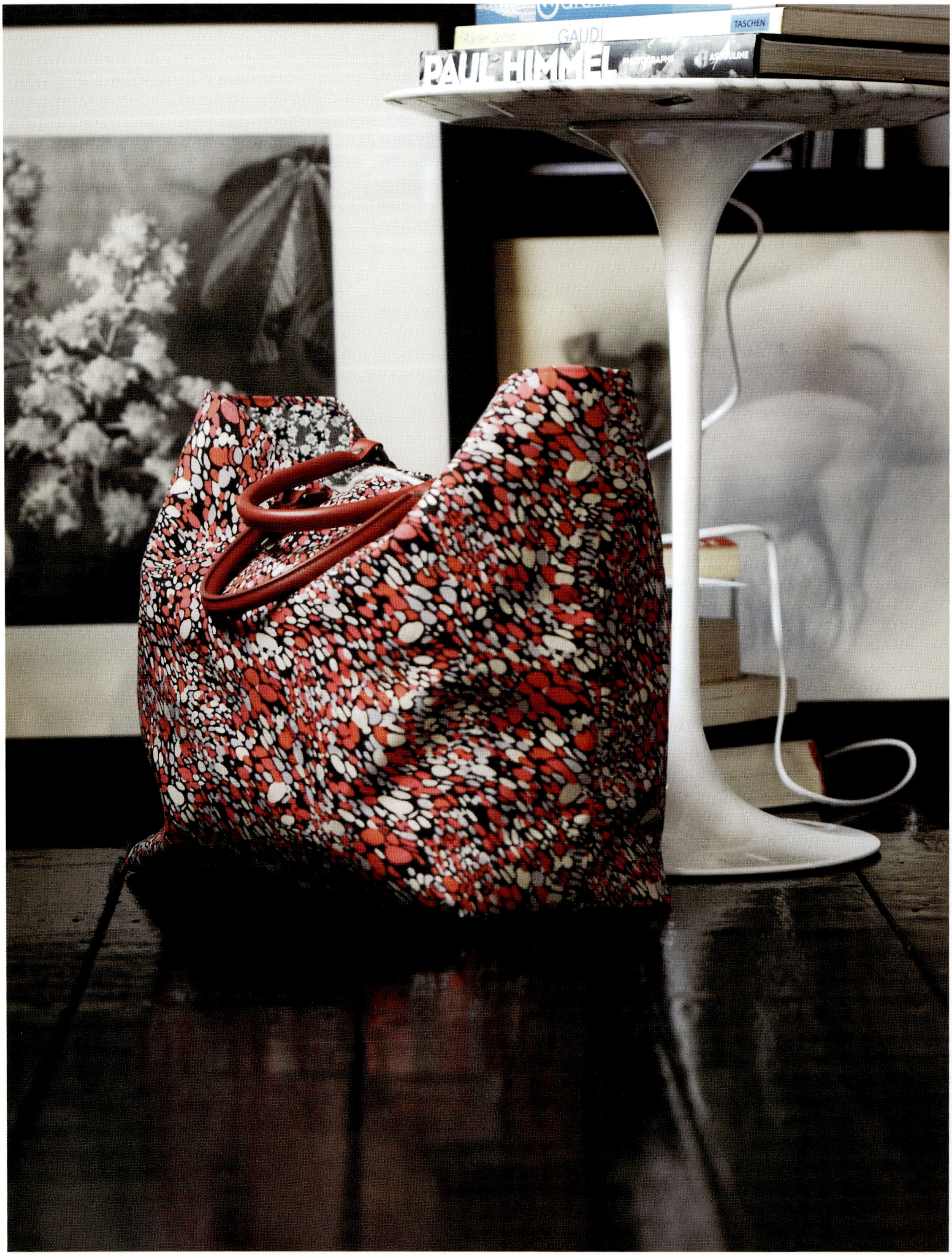
TASCHEN
GAUDÍ
PAUL HIMMEL

本体の前後面をまち針でとめる　本体布2枚を中表に合わせ、底の角部分を残して両脇と底をまち針でとめます。

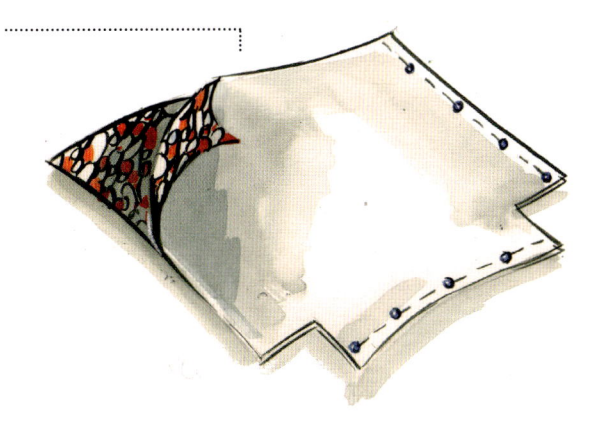

本体を縫い合わせる　両脇と底の三辺を縫い代1.5cmで縫い合わせます。縫い始めと縫い終わりは返し縫いをしましょう。縫い代は割っておきます。

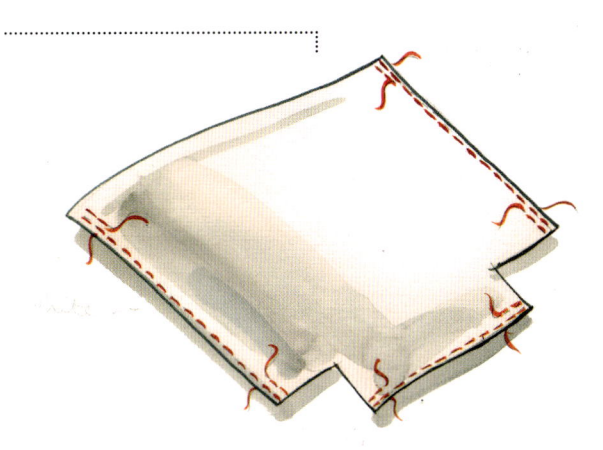

まち底を縫う　いったんバッグを広げ、底線と脇線が重なるようにたたみ直します。縫い代を合わせてまち針でとめ、裁ち端から1.5cmをミシン縫いします。もう一方のまちも同じ要領で縫い合わせます。

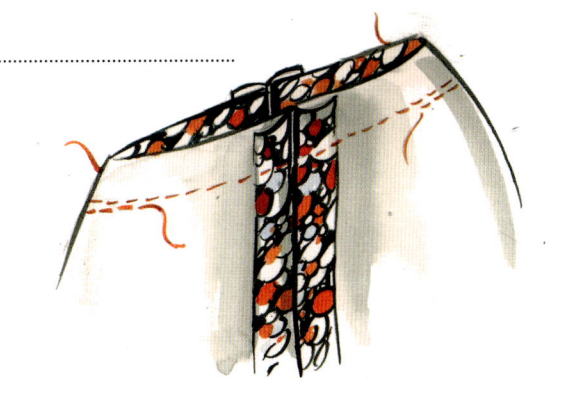

キャンバス地のトートバッグ

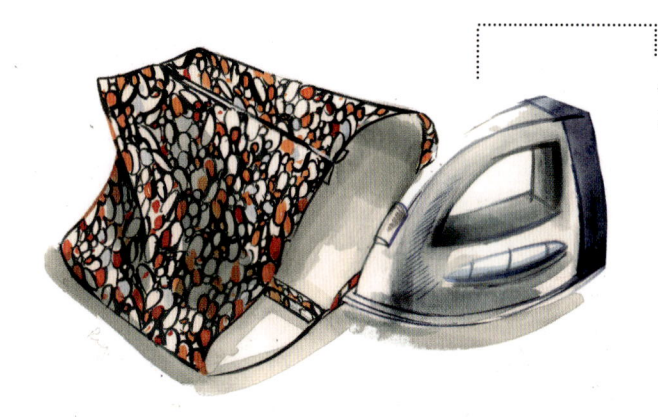

入れ口を縫う　本体を表に返します。入れ口を3cm折ってアイロンで押さえ、折り山から3mmをきっちりとミシン縫いします。

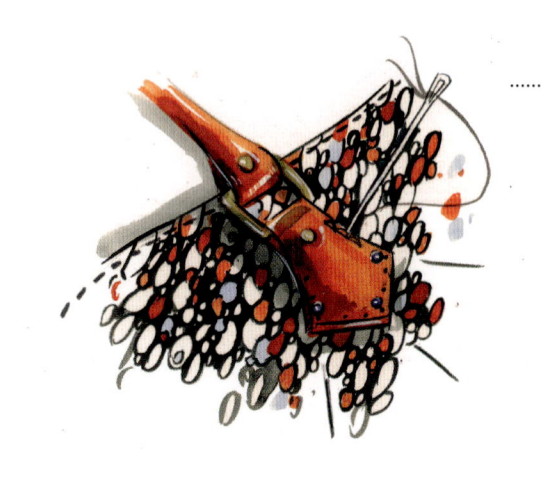

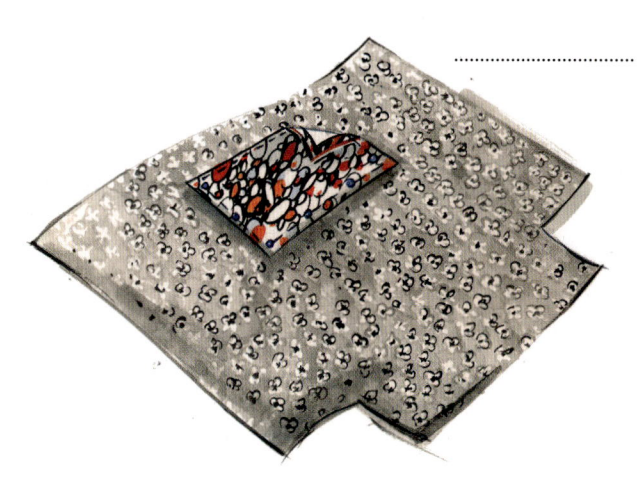

持ち手をつける　製図の「持ち手つけ位置」を参照し、持ち手の端を両面テープで本体にとめます。同系色のキルト糸で縫いつけます。このとき、4-5回返し縫いをして縫い目を補強しておきます（両面テープは、縫っている途中ではがしましょう）。

中袋を縫う　ポケット布の両脇と底の三辺を1cm折ってアイロンをかけます。ポケット口は1cmの三つ折りにしてアイロンで押さえ、ミシン縫いしておきます。ポケットを中袋表面の中央、上端の下9cmの位置にまち針でとめます。ポケットの両脇と底の折り山から3mmでミシンをかけ、中袋に縫いつけます。中央で仕切りを縫って携帯入れをつくっても良いでしょう。本体と同じ要領で中袋の2枚を縫い合わせ、上端は4cm折り返してアイロンで押さえておきます。

中袋を入れる　必要に応じて、中袋を入れる前に厚紙(18×35cm)を底にセットします。次に、本体の脇線に合わせて中袋を入れます。中袋の上端がバッグの入れ口からちょうど1cm下になるようにまち針を打ち、まつり縫いで本体にとめます。

応用編

このトート、実は2-wayバッグにもなるのです！ まずは28mm大のスナップボタンを2組用意します。バッグ前面・後面とも、入れ口の下2cm、左右の脇線から6cmの位置にそれぞれのボタンを縫いつけましょう。持ち物の少ない身軽な日には、まちをたたんでボタンをとめればスリムバッグに変身です。

● 既製の革の持ち手をあしらうと、お手製バッグの完成度がぐっと高まります。もちろん布製持ち手のつくり方も簡単です。まず、バッグと同系色あるいは差し色の布(50×15cm)を2枚裁ちます。丸底ビーズクッションと同じ要領で(p.50参照)持ち手をつくり、両端を補強縫いで縫いつければでき上がり。

キャンバス地のトートバッグ　57

整理＆収納アイテム

格子窓のピンナップボード

針と糸を使わなくてもでき上がるソーイング不要のピンナップボード。
グリーンのフェルト地をキャンバスとして格子状に際立つプリントは、
誕生以来ほぼ1世紀の歴史を持つ
"Elysian（エリジアン）"柄のクラシックタナローンです。
飾る場所に応じて大きさを変えたボードは、仕事部屋、キッチン、
それにみんなの行き交う廊下や子供部屋など、
どこにでも調和してそれぞれの空間で活躍してくれるでしょう。

でき上がり寸法

約40×60cm（お好みのサイズに調整してください。）

材料

- カバー布　緑色など無地のベーズ（またはフェルト）地
  （必要量については「用尺と裁断」を参照）
- リボンテープ　タナローン"Elysian（エリジアン）"
  （薄手コットンの小柄プリント）25cm
- 芯地
- コルクボードまたは長方形のソフトボード　約40×60cm
  （お好みのサイズで）
- ステープルガン
- 金づち、飾りびょう17個

用尺と裁断

芯地：
- ボード周囲より3cm大きく長方形に裁断　1枚

カバー布：
- ボード周囲より5cm大きく長方形に裁断　1枚

タナローン：
- 耳から耳へ5cm幅で裂く（カットする）　5枚

60　整理&収納アイテム

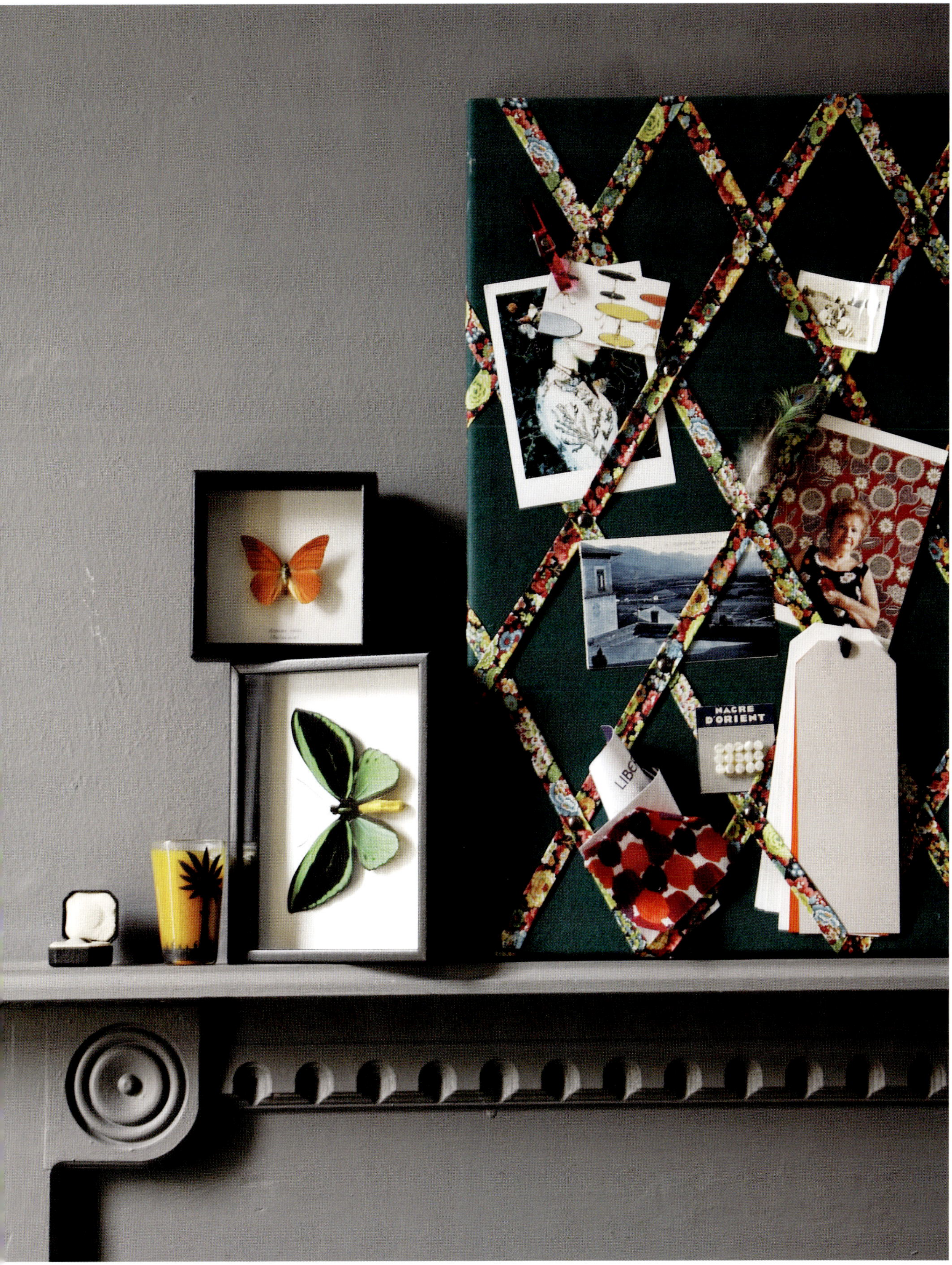
NACRE
D'ORIENT

ボードに芯地をかぶせる　芯地を平らに広げ、ボードを下向きにして芯地の中央にのせます。芯地を少し引いてぴんと張らせながら四辺を折り込み、ステープルガンでボード裏面にとめます。先端までいったら角を斜め45度に折り込んだ額縁仕立てで始末します。

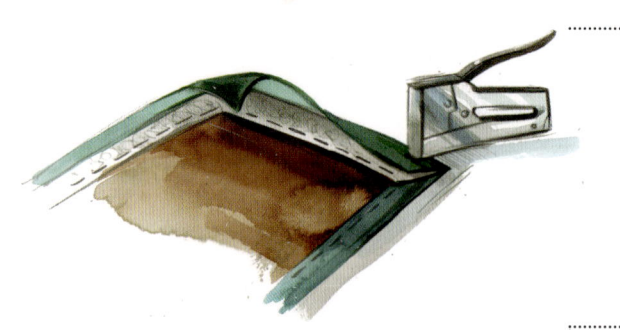

カバー布をかぶせる　同じ要領で、カバー布を芯地の上からかぶせてステープルガンでとめます。布端が芯地の端にかぶさるようにしましょう。

布のリボンテープをつくる　リボンテープ用の布端にほつれ糸があればカットし、アイロンをかけます。5本すべて、長い辺を両側から1.5cm折ってアイロンで押さえておきます。

リボンテープをかける　リボンテープの1本を、ボードの対角線プラス10cmの長さでカットします（両端の折り代5cmずつ）。テープをきっちりとボードにのせ、ステープルガンで両端をボード裏にとめます。テープとテープの間隔はボードの大きさにもよりますが、対角線を中心にして両側に2本ずつ等間隔で平行にテープをかけるときれいなひし形になります。方眼定規または大型の製図用三角定規で正確に幅を測り、まち針で印をつけながらテープをとめていきましょう。

整理&収納アイテム

応用編

カバー布に"Princess Emerald（プリンセス・エメラルド）"や"Kate Ada（ケイト・アダ）"といった大柄フローラルモチーフのタナローン素材を使うと、ボード全体がふんわり優しい印象になります。背景にポイントとなる色や柄をセレクトしたら、格子柄に編むコットンやサテンリボンとの組み合わせを楽しんでみましょう。

リボンテープを格子状に編む　反対方向の斜めにも5本のテープをかけます。こちらも対角線から始めます。いちばん長いテープを、最初にかけた斜めのテープの上下を編むようにすべらせ、最後にステープルガンでボード裏にとめます。等間隔で印をつけたら、残りのテープも同じように編んでとめます。

仕上げをする　テープが交差する部分に、金づちで飾りびょうを打ち込んでアクセントをつけたらでき上がりです。

● ピンナップボードを壁に吊す場合、額受け金具などを使ってボードが平らになるように工夫しましょう。写真のように棚や暖炉の上に立てかける場合には、2-3箇所ねじでとめるか、ボードの手前に薪などをディスプレイして滑り落ちないようにしておきます。

格子窓のピンナップボード　63

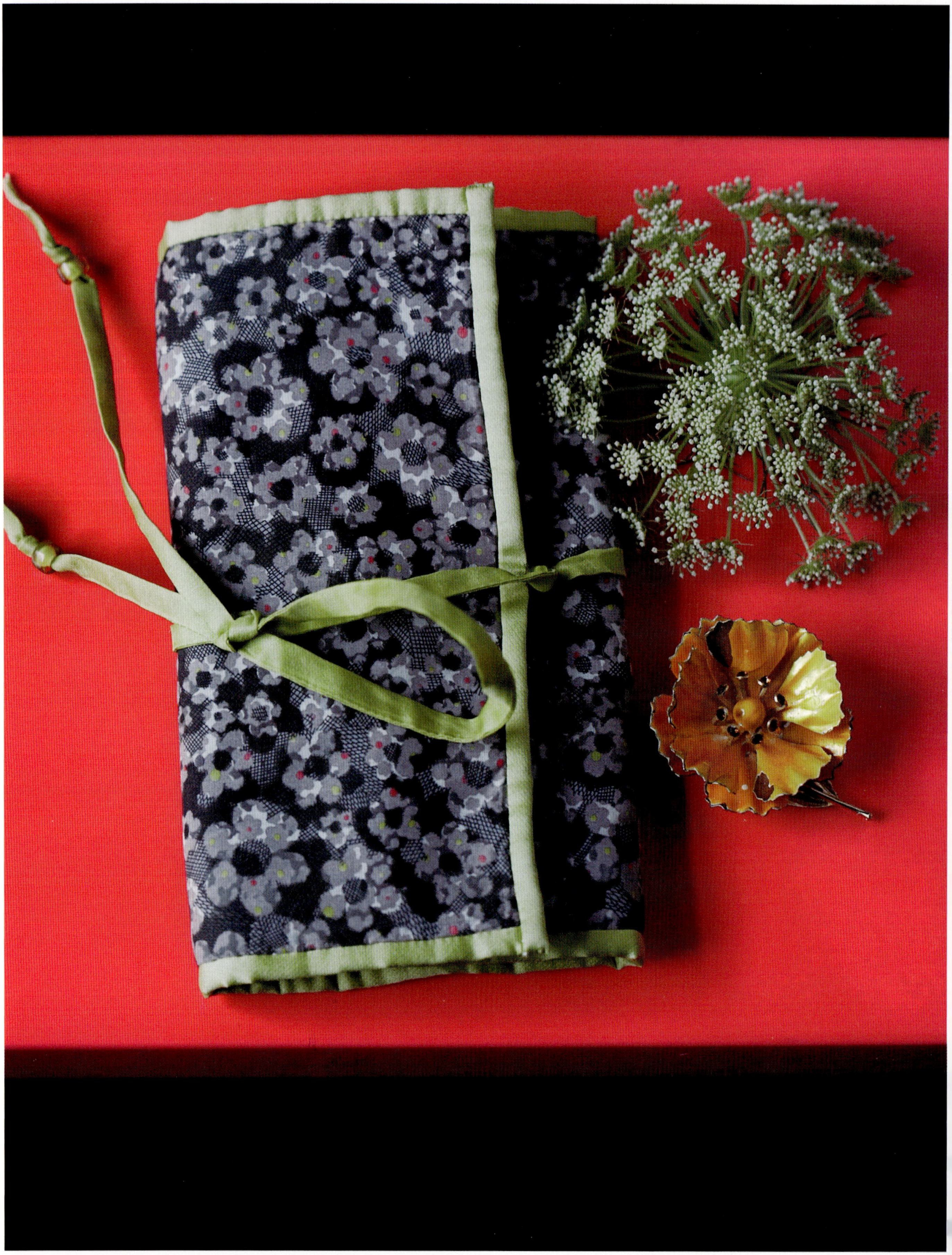

紐結びのジュエリーロール

手持ちのジュエリーコレクションからセレクトしたお気に入りアイテムの数々。
旅行のときには、くるくる丸めて使える機能的な
ジュエリーロールに収納して持ち歩きましょう。
ネックレスはファスナーつきポケットに、指輪はリングホルダーに、
ブローチやイヤリングは3つに仕切ったポケットに分けて収納できます。
お友達へ贈るつもりでつくっても、ついつい自分で使ってしまいそうです！

でき上がり寸法

20×32cm（広げたとき）

材料

- 本体外側と裏布　タナローン"Eleanabella（エレアナベラ）"（薄手コットンの中柄プリント）23×70cm
- 本体内側　無地の薄手コットン　23×60cm
- パイピング　無地アクセントカラーの薄手シルク　15×90cm
- キルト芯　25×40cm
- 布地に合わせた縫い糸
- ファスナー　長さ20cm
- ポリエステル綿　少量
- 9mm大のスナップ　1組
- 9mm大のガラスビーズ（大きな穴のあいたもの）　2-3個

裁断

花柄プリント：
- 本体外側　22×34cm　1枚
- 裏布　20×32cm　1枚
- ポケット縁布　3×20cm　1枚

キルト芯：
- 20×32cm　1枚

無地：本体内側
- パネル(小)　20×12cm　1枚
- パネル(大)　20×22cm　1枚
- ポケット　20×11cm　1枚
- リングホルダー　20×6cm　1枚

パイピング：
- 長辺　3×34cm　2枚
- 短辺　3×22cm　2枚
- 結び紐　3.5×88cm　1枚

本体内側にファスナーをつける　コスメポーチと同じ要領で（p.42参照）ファスナーをつけます。無地布のパネル（大）を左、パネル（小）を右にしてファスナーをしつけでとめ、縫い代1cmでミシン縫いします。布地に合わせた縫い糸でトップステッチをかけ、アイロンで軽く押さえておきます。

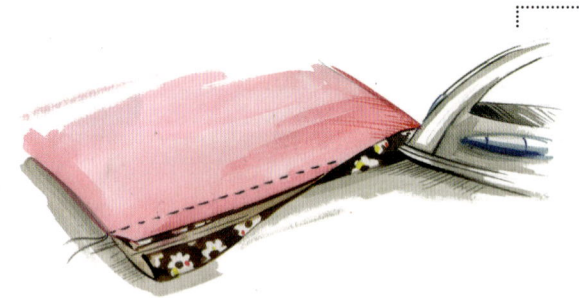

ポケットを縁取りする　花柄のポケット縁布を外表でたてに二つ折りし、アイロンをかけます。いったん広げ、両側から中心線に向かって折ります。左絵のようにポケットと縁布の裁ち端どうしを中表で合わせ、縫い代6mmで縫いつけます。縁布をポケット裏面に折り返して裁ち端をくるみ、折り山をもう一度アイロンで押さえます。折り山にしつけをかけてまつり縫いでとめ、しつけ糸をほどきます。

ポケットに仕切りをつくる　ファスナーでつなげたパネルの表面を上にして置きます。その上にポケット表面を上にして角を合わせて（左絵のようにポケット縁取りが内側にくるように）重ね、まち針でとめます。ポケットに2本の仕切り線を描きましょう。パネル上下の端からそれぞれ7cmの位置に、チャコペンで直線を引くか、定規を当ててまち針を打ちます。線に沿ってステッチをかけ、ポケットを3つに仕切ります。

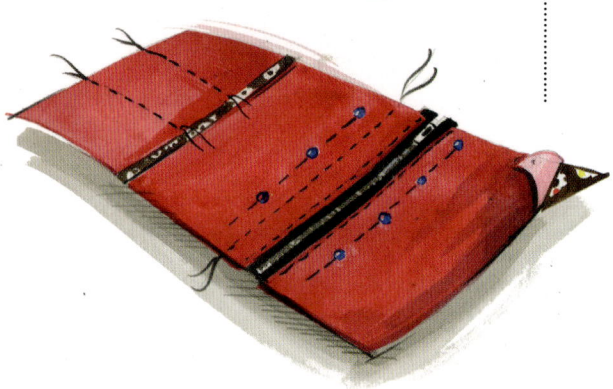

花柄の裏布に縫い合わせる　裏布用の花柄プリント表面を上にして置き、仕上げたパネルの表面を上にして重ねます。花柄布とぴったり同じサイズになるように、はみ出た部分があればパネルの端をカットしましょう。次に、ファスナーの両脇をまち針で花柄布にとめつけ、左絵のようにファスナー端から左に1.5cmの位置でステッチをかけます。これがファスナーポケットの仕切りになります。

● 旅行に持っていくアクセサリーの数が多い場合、大きめの布地を用意してポケット仕切りを増やすか、またはファスナーポケットのサイズを大きくしましょう。

リングホルダーをつくる　リングホルダー用の布を、中表でたてに二つ折りしてまち針でとめ、長い辺を縫い代6mmでミシン縫いします。縫い目が中央にくるようにたたみ直し、片方の筒先を端から6mmでミシン縫いします。表に返し、筒の中にポリエステル綿を詰めます。縫い目が下面の中央にくるように置き、もう一方の筒先を端から5mmでミシン縫いします。

リングホルダーを縫いつける　筒先の裁ち端をファスナー上端から約2cm離してまち針でとめます。縫い代約5mmでパネルにしっかりと縫いつけます。スナップの凹側をパネルに、凸側をリングホルダーの下面に、凹凸がきちんと重なるように合わせて縫いつけます。

重ね合わせる　本体外側用の花柄プリント表面を下にして置き、次にキルト芯、最後にパーツを縫い合わせたパネルを上に向けてのせます。周囲をぐるりとまち針としつけでとめます。パネルのサイズに合わせて不揃いな部分はカットしましょう。

パイピングと結び紐をつける　パイピング（長）2本を本体の長い辺と同じ寸法にカットし、ポケットの縁取りと同じ要領で縫いつけます。短い辺も同じように縫いますが、両端1cmは長い辺の上にかぶせて折り山を縫います。結び紐用の布は、中表でたてに二つ折りし、長い辺を縫い代1cmで縫い合わせます。縫い代を5mmにカットし、安全ピンやとじ針と糸、またはループ返しを使って表に返します。縫い代が片方に倒れるようにアイロンで押さえます。紐を半分に折ってファスナー側のへりの中央にしっかりと縫いつけましょう（お好みで、ビーズ1個を紐2本に一緒に通し、本体のきわまでスライドさせます）。紐の先それぞれにビーズを1個ずつ通して、端を固く玉結びします。ビーズを玉結びのきわまで戻し、紐の先端を細長く斜めにカットしたら完成です。

紐結びのジュエリーロール　67

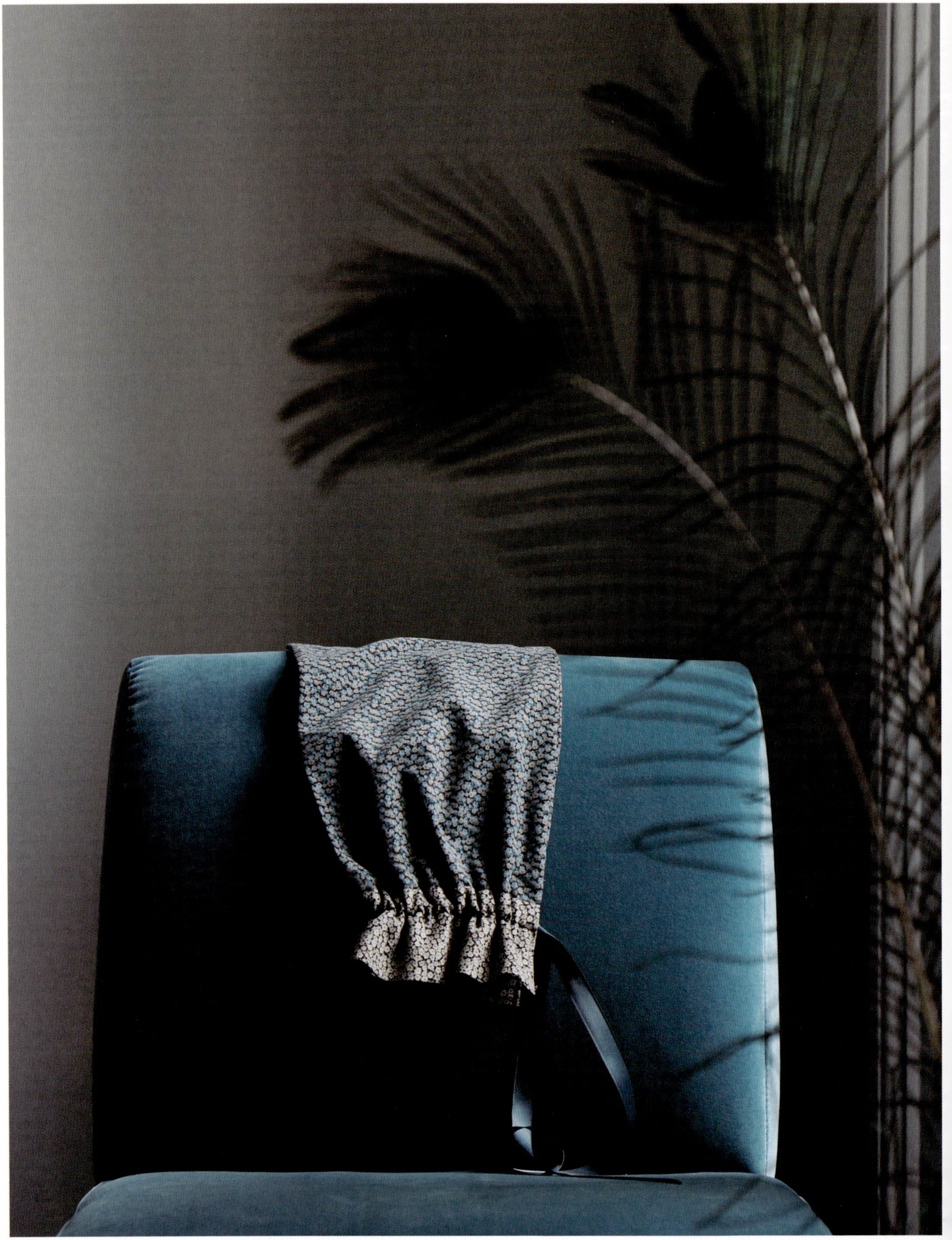

小花の巾着バッグ

子供部屋のおもちゃ箱の整理からランドリーの仕分け、
それに夏休み旅行のパッキングまで、巾着バッグは守備範囲の広い万能アイテム。
暮らしまわりのあらゆるグッズの収納に大活躍してくれます。
ビニールのレジ袋よりはるかに優雅な佇まいにも惹かれます。
細畝でベルベットのようなパイル地コーデュロイは伸縮性もあり、
多目的な巾着バッグをつくるのに最適。
シルクサテンのリボンを結んだら、平凡なコットンテープや既製品の紐にはない
エレガントな表情が生まれました。

でき上がり寸法

- 幅23cm　深さ39.5cm（口布を含む）

材料

- ロスモアコード"Penny（ペニー）"
  （薄手細畝コーデュロイの微細柄プリント）　55×40cm
- ロスモアコード"Penny（ペニー）"の色違い　55×20cm
- 布地に合わせた縫い糸
- 両面サテンリボン　1.5cm幅を110cm
- とじ針（大）または安全ピン

裁 断

本体布：
- 本体　48×34cm　1枚

色違い口布：
- 口布　48×17cm　1枚

注：裁断寸法は縫い代（1cm）分を含む

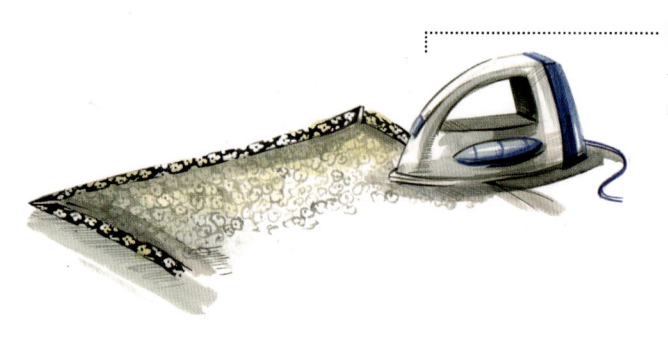

口布をつくる 口布の左右と上端の三辺を、裏面に1cm折ってアイロンで折り目をつけます。角は「ソーイングの基礎知識」(p.151)を参照してカットし、斜めに折り曲げておきましょう。

口布を本体に縫いつける 左右の折り代をいったん広げ、折り目をつけていない下の裁ち端を本体布の上端に中表で合わせます。縫い代1cmでミシン縫いし、縫い代は上(口布側)に倒してアイロンで押さえておきます。

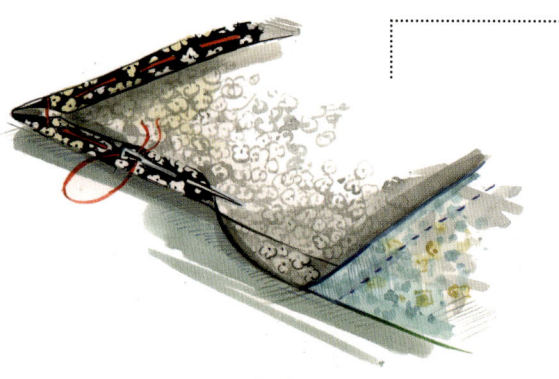

口布の折り代をしつけでとめる 口布の左右と上端の折り目をもう一度折り曲げ、しつけ縫いをします。

口布と本体を仮どめする 口布を本体裏面に折りかぶせ、折り山が縫い目の下6mmの位置にくるようにしてアイロンで押さえます。まち針としつけで、口布の長い辺を本体に仮どめします。

整理&収納アイテム

リボン通し口を縫う　口布と本体のきわの縫い目に沿って、バッグの表面からステッチをかけます。これがリボン通し口の下のラインになります。このステッチから2cm上にチャコペンで線を引きます。これがリボン通し口の上のラインです。口布表の右上角を縫い始めとして端から3mmをミシンで縫い、口布の表裏を縫い合わせます。チャコペンのラインまで縫ったら角を曲がり、ラインに沿ってステッチをかけます。端まで来たら左上の角まで縫います。

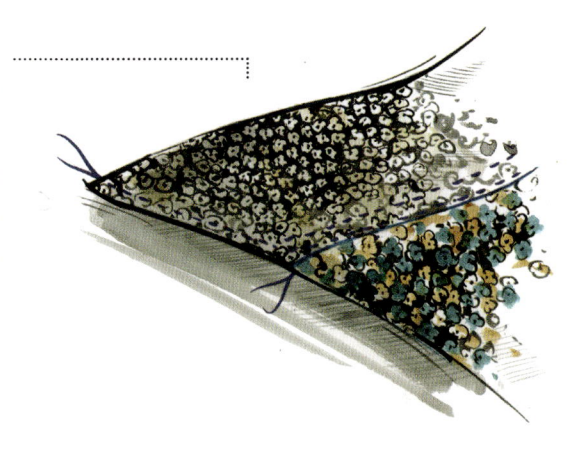

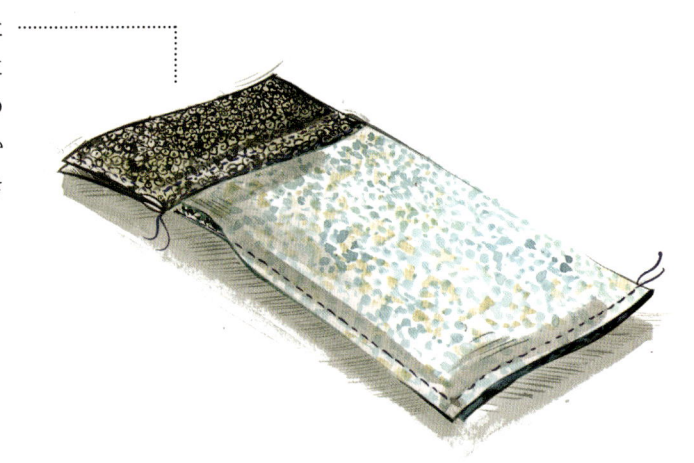

仕上げをする　バッグを中表で半分に折って脇と底をまち針でとめます。縫い代1cmで底から脇へとミシン縫いし、最後は口布にできるだけ近い位置で縫い止まります。リボン通し口のすぐ下のあき（ミシンをかけていない縫い代）をアイロンで押さえ、折り山から3mmの位置にぐるりとステッチをかけます。しつけ糸をほどきます。バッグを表に返したら、アイロンで軽く押さえましょう。

リボンを通す　長めのとじ針にリボンを通します（または安全ピンにリボンの先端を結びます）。とじ針（安全ピン）をリボン通し口に入れて一周させます。最後にリボンを結び、お好みの長さで先端を斜めにカットしましょう。

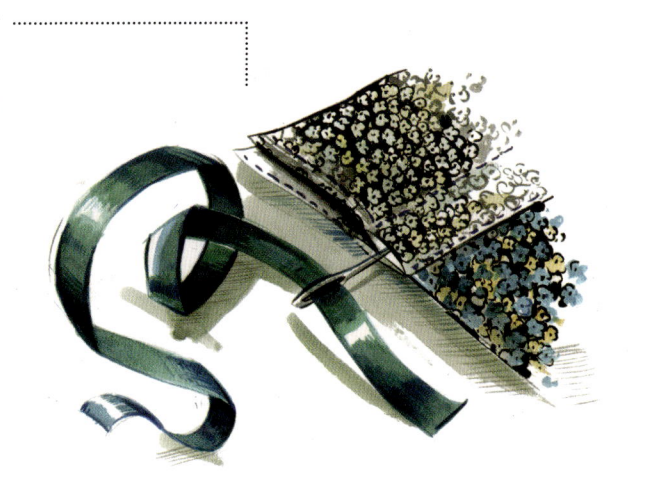

● 巾着バッグに家族のネームやアイテムごとの刺繍ラベルをつけて整理整頓すると、すっきりとした住まいの空間が生まれます。廊下やキッチンのハンギングレールに吊り下げておけば、靴やゲーム機がなくなって大騒ぎすることもなくなりそうです。

小花の巾着バッグ

スマートフォン＆PCカバー

スマートフォンやタブレット端末用には、
今やバラエティに富んだガジェット対応ケースやカバーが発売されています。
でも、ここでご紹介するパッド入りカバーはつくり方もとても簡単。
オリジナルのこんな収納グッズなら、
日常使いのものにスタイルと個性を添えてくれるでしょう。
つくり方は同じでも、寸法を変えるだけで
ミュージックプレーヤーやノートパソコンのケースなど、
どんなサイズのアイテムにも応用可能です。

でき上がり寸法
スマートフォンなどに合わせたお好みのサイズ

材料
- 本体　皮革、合成皮革、またはプリントのキャンバス地
  （必要量については「用尺」を参照）
- 中袋　タナローン "Wiltshire（ウィルトシャー）"
  （薄手コットンの小柄プリント）
- 縁布　タナローン "Capel（カペル）"
  または "Wiltshire（ウィルトシャー）"（小柄プリント）
- キルト芯
- 製図用紙
- 布地に合わせた縫い糸
- 布用接着剤

裁断
本体：
- 長方形2枚（p.74の「本体用型紙」参照）

キルト芯：
- 長方形2枚（p.74の「本体用型紙」参照）

中袋：
- 長方形2枚（p.74の「中袋用型紙」参照）

縁布：
- 4cm幅で必要な長さ　1枚

整理＆収納アイテム

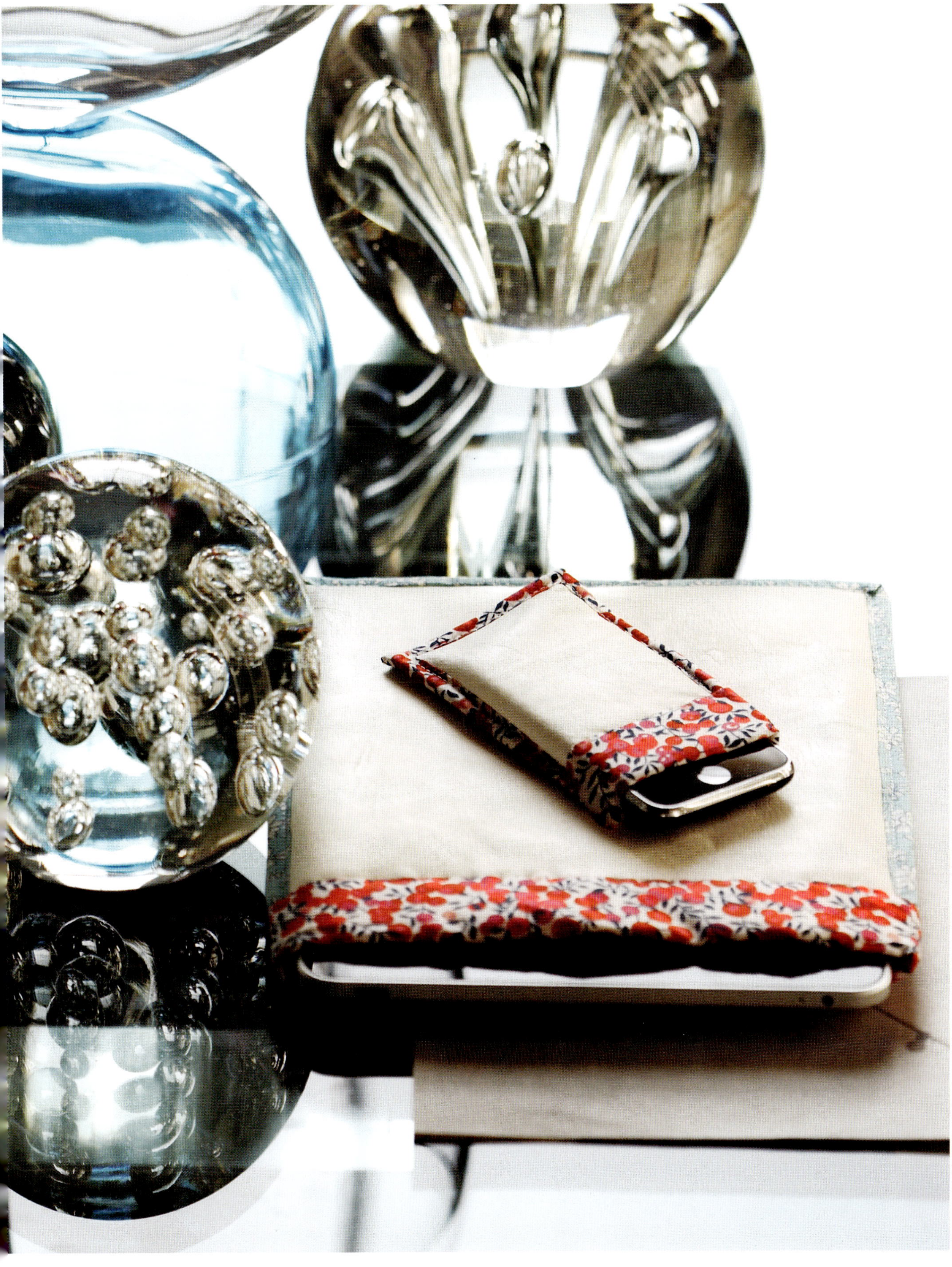

用尺

本体用型紙
製図用紙の方眼の目に合わせてアイテム（スマートフォンなど）をのせます。輪郭にアイテムの厚さの約半分をプラスしてアウトラインを描きます。用紙からアイテムを外し、アウトラインの四隅を四角くします。次に、周囲に縫い代1cm分をプラスした新たな輪郭線を描きます（上端に縫い代はありませんが、この裁ち方によってアイテムがカバー上端より1cm内側に収まることになります）。型紙を切り取ります。

中袋用型紙
上記の本体用型紙を製図用紙にのせ、輪郭線をなぞります。上端に折り返し分4cmをプラスします（小型のアイテムの場合、お好みで3cmでも良いでしょう）。型紙を切り取ります。

縁布の長さ
本体用型紙の両脇と底の三辺を足した長さを測ります。これが縁布用に必要な寸法です。

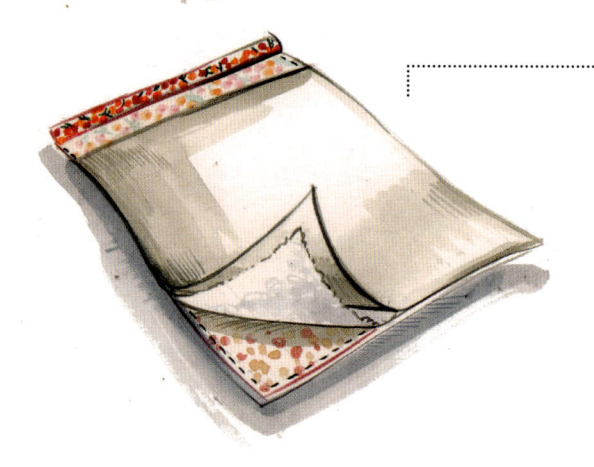

中袋をつくる　中袋用の2枚の布を中表に合わせ、両脇と底の三辺をまち針でとめます。縫い代6mmでミシン縫いします。入れ口は1cm折り返しておきます。

布を重ね合わせる　まず本体布1枚を、表面を下にしてテーブルに置きます。その上にキルト芯をきっちり重ね、さらに中袋の両脇と底を合わせて置きます。次にもう1枚キルト芯を重ね、最後に残りの本体布を、表面を上にして置きましょう。

整理&収納アイテム

重ねた布を縫い合わせる　両脇と底の三辺をまち針でとめます。
ミシンを幅広のジグザグ縫いにセットします。本体を皮革にする場
合はレザー用のミシン針をセットしましょう（必須ではありませんが、
専用針の方が縫いやすいです）。底のラインに沿ってゆっくりとジ
グザグミシンをかけ、まち針を1本ずつ外しながらていねいに縫い
進めます。角にしわが寄らないように、両脇は下から上へ脇線に
沿って縫っていきます。

縁布を用意する　縁布を中表でたてに二つ折りしてアイロンで押
さえ、いったん広げます。中心線に向かって両側から折り込み、も
う一度中心線で二つ折りします。

縁取りをする　周囲をきちんと縁取りするのは、手間のかかる作
業です。ここでは接着剤を使って簡単に仕上げましょう。縁布の
折り代のきわに沿って布用接着剤を軽く伸ばして貼れば、まち針や
しつけ糸で仮どめをしなくても縁取りができます。まず片方の上
端から、縁布をジグザグステッチにかぶせるように貼っていきます。
角は額縁のように折り曲げ、接着剤を使ってきっちりと四角く仕上
げましょう。最後に縁布内側の端から3mmの位置に、布地に合
わせた縫い糸でステッチをかけます。

入れ口を始末する　カバーの上端に合わせて縁布の先端をカット
します。見返しをカバーの表面に折り、見返し幅が均一になるよう
にまち針でとめます。目立たないように細かい縫い目で、本体に折
り山をかがりつけたら完成です。

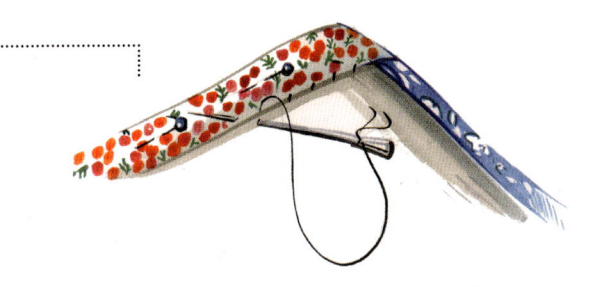

スマートフォン&PCカバー　75

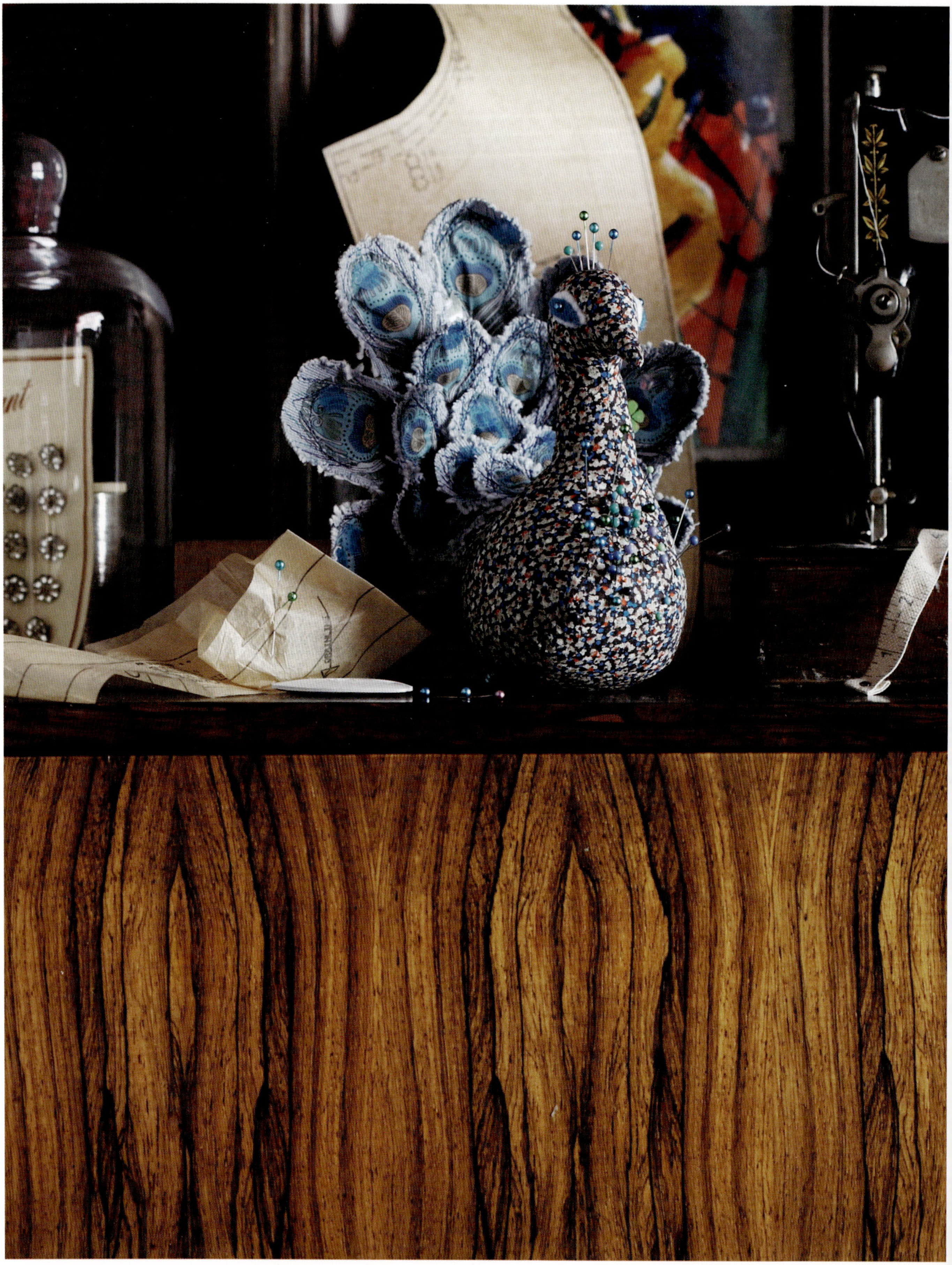

孔雀のピンクッション

玉虫色に輝くブルーの羽と華麗な尾が魅惑的な孔雀。
19世紀後半には、絵画や宝飾品、
テキスタイルのデザインに広く用いられた耽美主義のシンボルです。
このピンクッションの孔雀はビクトリア朝時代の流麗さとはまた違った趣を放ちながら、
ソーイングの傍らで見守ってくれる頼もしいパートナー。
スパンコールに彩られた「眼」と呼ばれる尾羽の紋様には、
リバティタナローンの"Caesar（シーザー）"柄をあしらいました。
1887年にアーサー・シルバーが孔雀をモチーフにデザインしたインテリア素材
"Hera（ヘラ）"を、現代的にアレンジした復刻版ファブリックです。

材料

- 孔雀の胴体　タナローン"Pepper（ペッパー）"
  （薄手コットンの微細柄プリント）　23×80cm
- 羽　無地厚手（インテリア用など）のファブリック
  15×85cm
- 羽アップリケ　タナローン"Caesar（シーザー）"
  （大小の孔雀羽プリント）　25×40cm
  （異なる3サイズの羽を切り取る）
- 目　白とターコイズのフェルト端布
- 布地に合わせた縫い糸
- ターコイズとネイビーの刺繍糸
- ポリエステル綿
- ワイヤー、ニッパー
- パールまち針、ガラスビーズまち針
- 大きさ・形の異なる半透明のスパンコール

型紙

胴体、胴体底、羽3型、羽アップリケ3型、
目（外側と内側）の各製図を写し、切り抜きます。
製図上のアルファベットと合印もすべて写しておきます。

裁断

孔雀の胴体用プリント：
- 長方形　23×25cm　2枚
- 胴体底　1枚

羽用厚手ファブリック：
- 羽（大）　7枚
- 羽（中）　6枚
- 羽（小）　4枚

羽アップリケ用プリント：
- 大・中・小それぞれの羽の紋様が型紙中央にくるように裁断します。
- 羽アップリケ（大）　7枚
- 羽アップリケ（中）　6枚
- 羽アップリケ（小）　4枚

フェルト（白）：
- 目（外側）　2枚

フェルト（ターコイズ）：
- 目（内側）　2枚

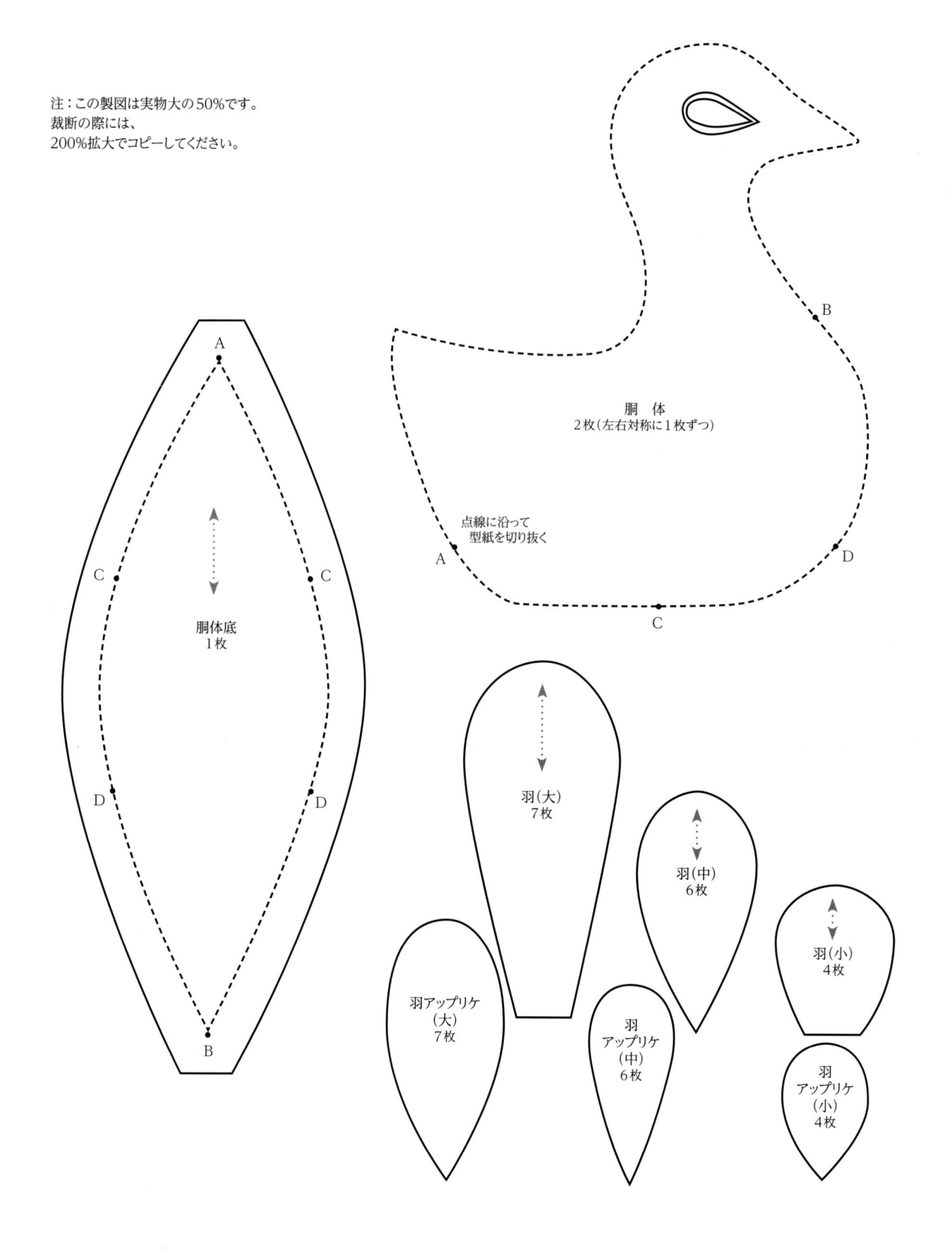

注：この製図は実物大の50%です。
裁断の際には、
200%拡大でコピーしてください。

胴 体
2枚（左右対称に1枚ずつ）

点線に沿って
型紙を切り抜く

胴体底
1枚

羽(大)
7枚

羽(中)
6枚

羽(小)
4枚

羽アップリケ
(大)
7枚

羽
アップリケ
(中)
6枚

羽
アップリケ
(小)
4枚

78　整理&収納アイテム

胴体を切り抜く　胴体用の布2枚を中表にして角を合わせます。型紙をのせ、輪郭から1cm内側をまち針でとめます。合印AからB（孔雀の背中・頭・首）を、できるだけ型紙に沿ってミシン縫いし、縫い始めと縫い終わりは返し縫いします。型紙の周囲に縫い代1.5cmをつけて胴体を切り抜きます。合印CとDの縫い代に小さく切り込みを入れたら型紙を外します。

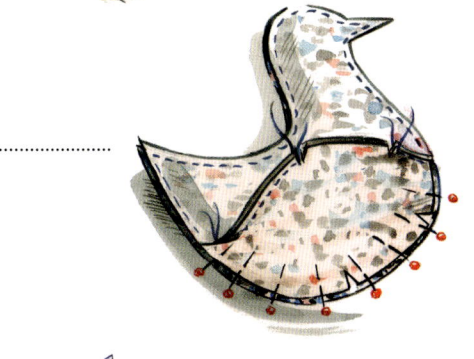

胴体底をつける　胴体の両端の合印AとB、さらにCとDの切り込みを、それぞれ胴体底の一方に中表で合わせてまち針でとめます。（詰め物の入れ口として）CからDはあけておき、合印AからC、BからDをしつけ糸でとめます。端から1.5cmをミシン縫いします。胴体底の反対側は、AからBまでを続けてまち針としつけで仮どめし、ミシンで縫います。

縫い代をカットする　縫い代を1cmにカットします。縫い代がもたつかないように、頭、首、胸のカーブに細かい切り込みを入れ、くちばしと尾先の余分な縫い代はカットします。このとき、穴があかないように縫い目から3mm以上あけてカットしましょう。しつけ糸をほどき、縫い代を割って胴体を表に返します。

詰め物を入れる　胴体にポリエステル綿をぎっしり詰めます。消しゴムつき鉛筆などを使って頭、首、尾に少しずつ綿を押し込み、でこぼこにならないようにします。ふっくらと良い形に仕上がったら、入れ口をしつけで仮どめし、コの字とじで縫います。最後にしつけ糸をほどきます。

孔雀のピンクッション

羽をつくる　羽（大）7枚と（中）6枚にワイヤーをつけて立たせ、堂々と羽を広げたような立体感を演出しましょう。まず、それぞれの羽アップリケの輪郭とほぼ同じ長さにワイヤーをカットします。ワイヤーをねじって左絵のような小さな輪をつくり、羽の上端より2cm下に縫いつけます。ワイヤーの先端が下からはみ出さないように注意し、羽アップリケをワイヤーの上にのせてしつけで仮どめします。羽（小）にはワイヤーをつけずに直接アップリケを仮どめします。

羽に刺繍する　アップリケの周囲をシンプルに縫うだけでも良いですが、ミシンで簡単な刺繍をすると尾羽に重厚感や立体感が加わります。ネイビーとターコイズの糸で、「眼」と呼ばれる柄のまわり（ワイヤーに気をつけて）とその下の左右に流れるような羽模様に刺繍していきます。ハンドステッチの場合は、羽模様の流れに沿うようなストレートステッチでランダムに糸を刺しましょう。

尾羽を縫いつける　まず、羽（大）1枚を胴体の先端から2cm下に縫いつけます。次に羽（大）を左右に3枚ずつ、互いに少しずつ重ね合わせて扇状にとめます。星止めで前から後ろへしっかりと縫いつけましょう。次に羽（中）6枚の「眼」を（大）の間に、さらに羽（小）3枚を（中）の間になるように縫いとめます。最後の（小）1枚はセンターに刺します。

仕上げをする　白とターコイズのフェルト地を、順番に細かいハンドステッチで目の部分に縫いつけます。両目にパールまち針を刺してキラキラした瞳に見立てます。尾羽全体には半透明のスパンコールをちりばめて縫いつけ、とさか部分にはパールまち針を刺します。残りのパールまち針を胸に刺して美しい羽飾りの完成です。

80　整理&収納アイテム

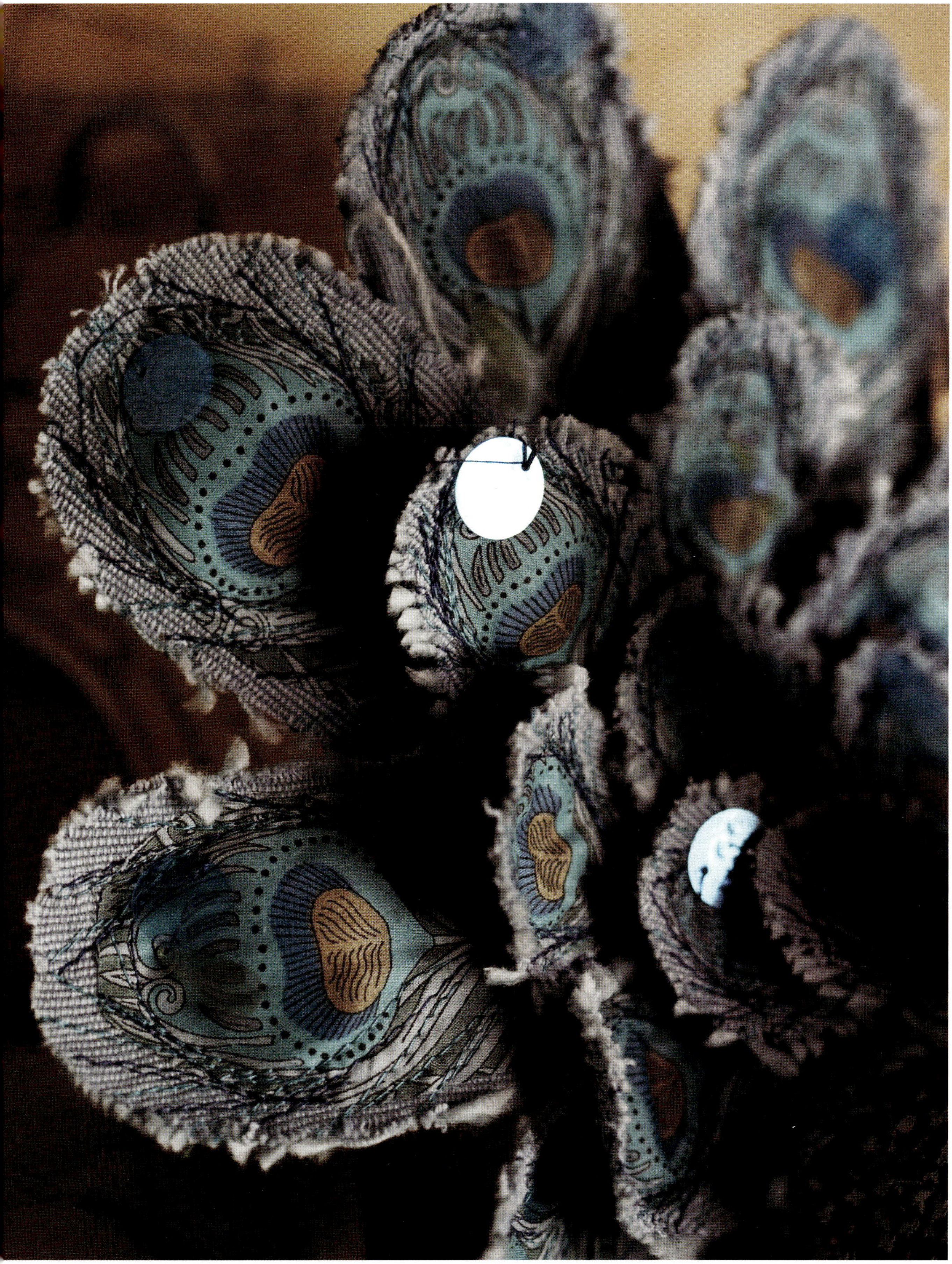

花模様のブックカバー

机の上には、雑然と積み上げられたファイル、あふれた文房具、日記帳、
それに罫線ノートの山。これでは仕事もあまりはかどらなさそう。
とくに自宅兼オフィスの空間ならなおさらです。
プリント布のブックカバーで本やノートを飾っても
効率が格段に上がるわけではないけれど、
いつもながらの日常をきっと心躍るものにしてくれるでしょう。
今度はお気に入りのハードカバーや愛読書の詩集、子供の頃の大切な絵本など、
次々とカバーを着せて本棚にリバティプリントの花を咲かせてみませんか。

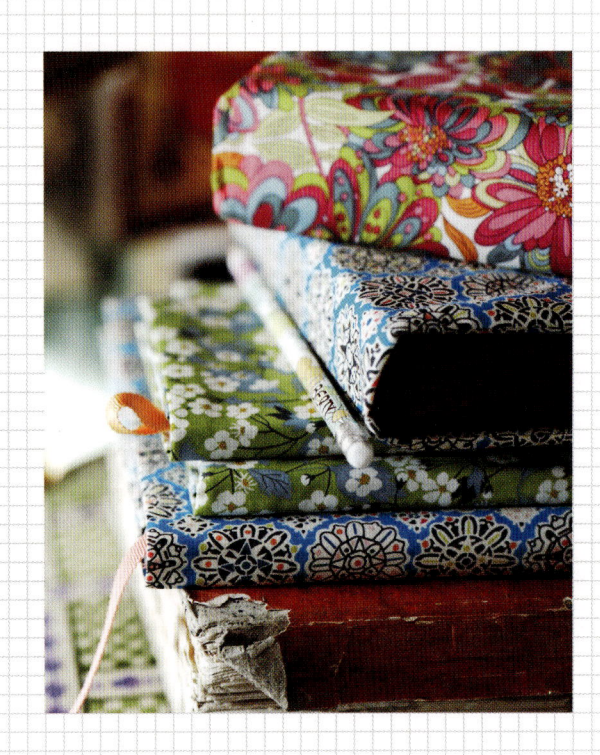

でき上がり寸法
本の大きさに合わせたお好みのサイズ

材料
- タナローン"Helena's Party（ヘレナズ・パーティ）"、"Mitsi（ミッツィ）"または"Willow's Garden（ウィローズ・ガーデン）"など薄手コットンのプリント地（必要量については「用尺」を参照）
- 布地に合わせた縫い糸

用尺
カバー布
- 幅＝本の高さ＋4cm（縫い代分）
- 長さ＝本の表紙幅の4倍＋背幅

裁断
各ブックカバーにつき長方形1枚

●すり切れてしまった本（希少価値のある書物は避けましょう！）に厚みを持たせて高級感を出すには、本の表紙、背、裏表紙を合わせた寸法の長方形にキルト芯または厚手のウール地を切り取り、あらかじめ接着剤で本に貼りつけてからブックカバーをつくりましょう。

整理＆収納アイテム

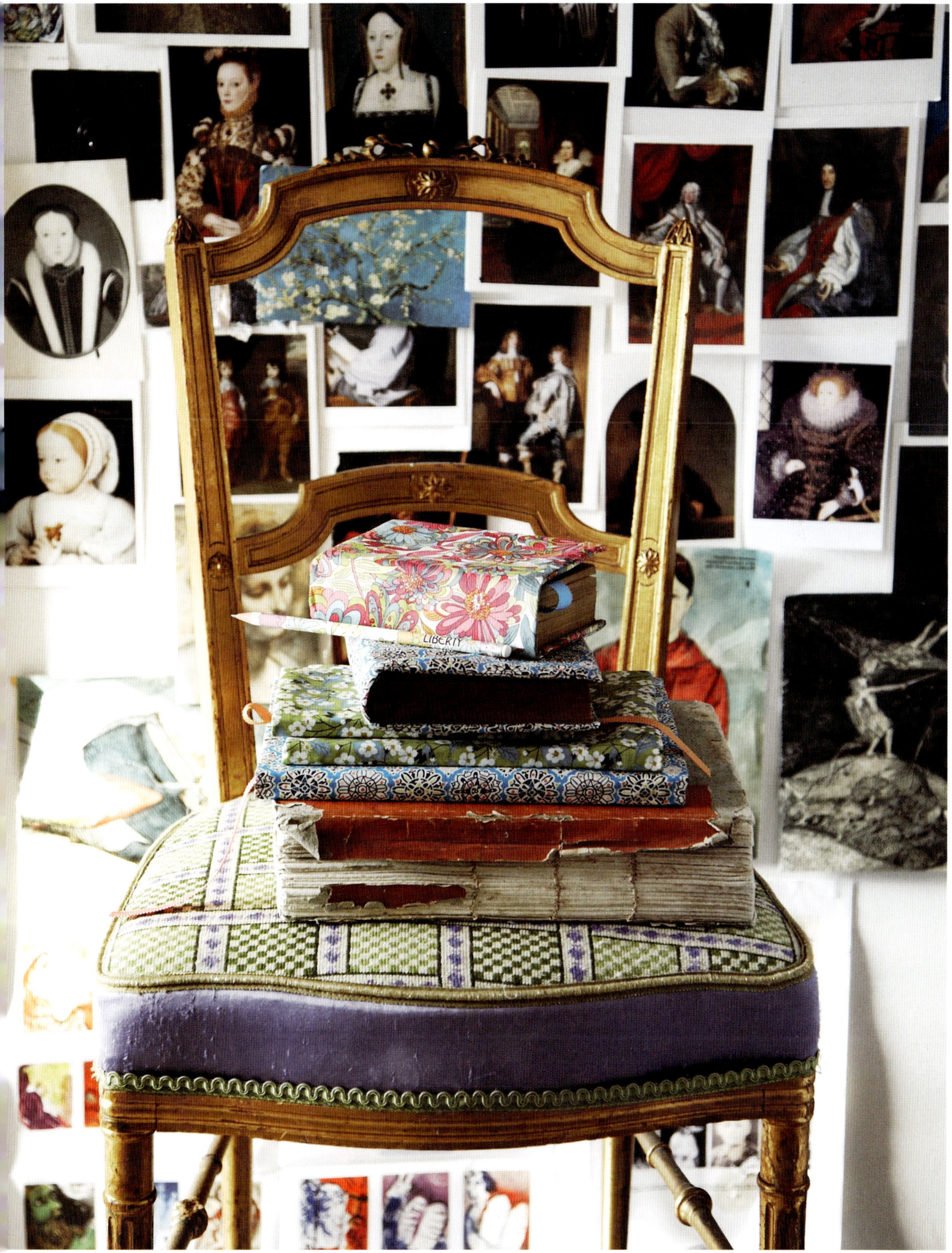
LIBERTY

布の中心線を取る　布を二つ折りして中心線にまち針で印を打ちます。左右の端を3cm裏面に折り込み、アイロンで押さえます。

布カバーを仮どめする　布の表面を上に向け、本の背を布の中心線に合わせるようにのせます。表紙と裏表紙をくるむように、布の左右を内側に折り返します。折り返しの上端と下端の四辺をまち針でとめます。

布カバーを縫う　本を布から外します。まち針でとめた四辺にしつけ縫いをし、上端と下端の二辺を端から端までミシン縫いします。このとき、縫い始めと縫い終わりは返し縫いをしましょう。四隅の角を小さな三角に切り落とし、しつけ糸をほどきます。

アイロンで押さえる　布カバーを表に返し、角を出して四角く整えます。縫い目をアイロンで押さえます。背の上下の縫い代はミシンステッチに沿って内側に折りたたみ、アイロンで押さえます。

本を差し込む　本の表紙と裏表紙を折り、布カバーに差し込んだらでき上がりです。

整理&収納アイテム

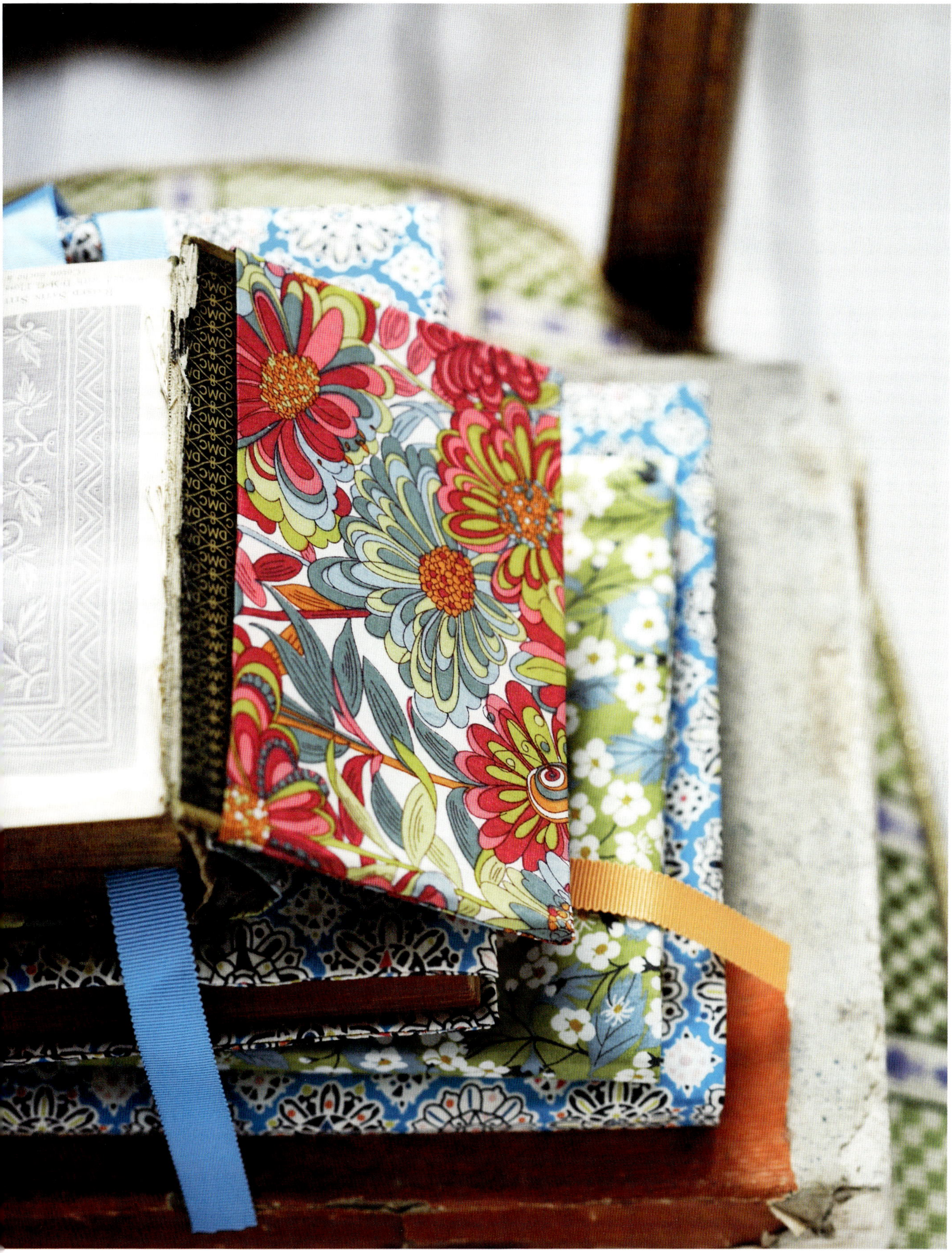

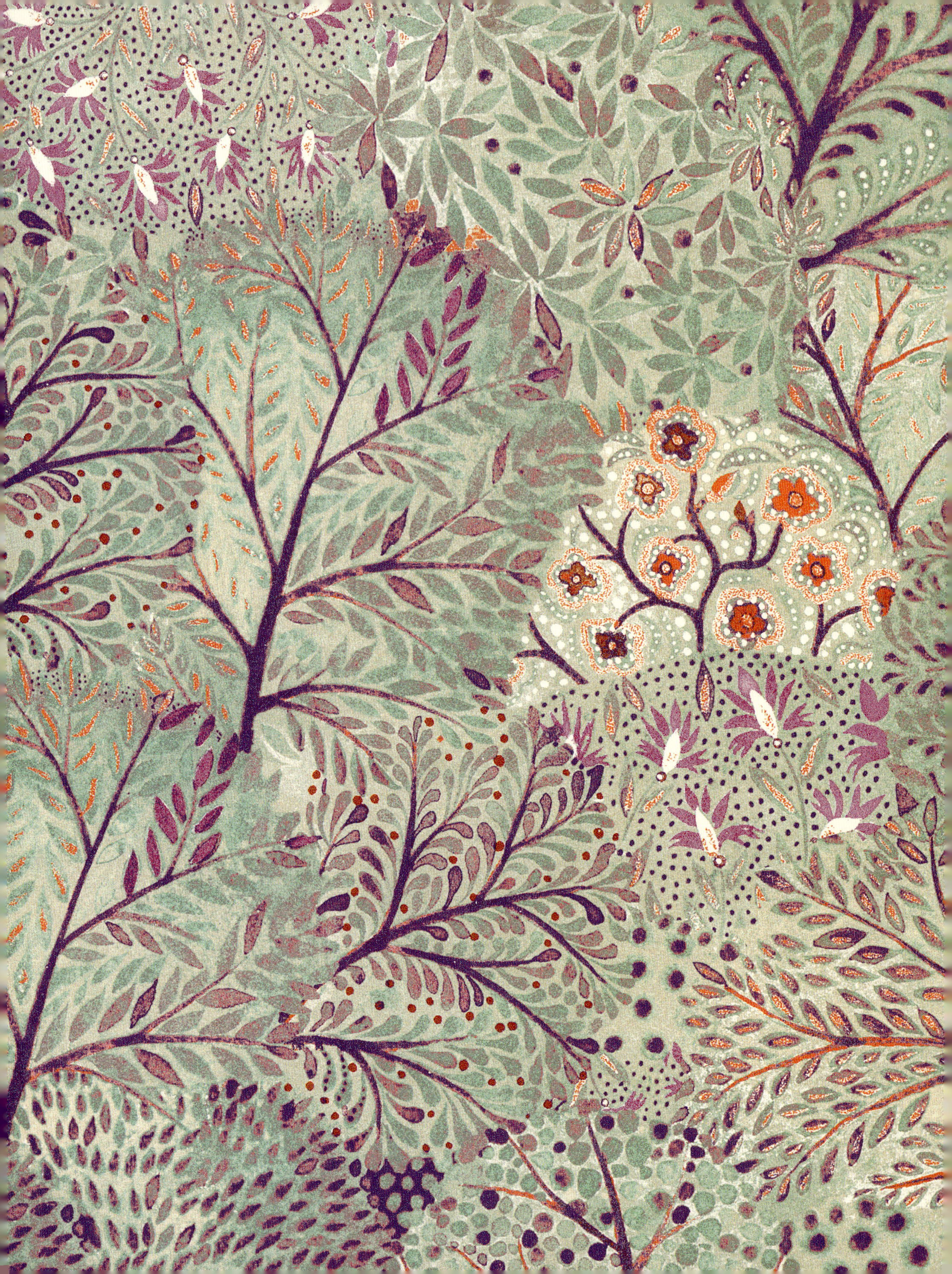

ラグジュアリーな愛用品

丸いギャザークッション

布地をふんだんに使った優美な円形のクッション。
実は、縫い方は驚くほど簡単で初心者の手でも美しく仕上がります。
つくり方は細長く裁った12枚のタナローンを縫い合わせ、
やわらかな羽毛パッドを入れるだけ。
円形の縫い目が見えないのもポイントです。
ライトからダークまで濃淡に変化を持たせた同系色のカラーパレットで揃えたら、
個性の異なる3種類のプリントデザインも美しく調和しました。

でき上がり寸法

直径45cm　厚さ5cm

材料

- タナローン"Rueben Kelly（ルーベン・ケリー）"、"David Joe（デビッド・ジョー）"、"Mitsi（ミッツイ）"（いずれも薄手コットンの小柄プリント）長さ30cm（下記●印を参照）
- 布地に合わせた縫い糸
- クッションパッド　直径45cm　厚さ5cm
- 4-5cm大のボタン　2個
- ボタンつけ糸

裁 断

- 各プリント14×54cmの長方形を4枚ずつ、計12枚

注：裁断寸法は縫い代(1cm)分を含む

- 流れのある模様の布地（Rueben Kellyなど）を使い、クッションの中心から放射状に広がるデザインにするときには、必ず模様のたて方向が長辺になるように裁断しましょう。その場合、布の必要量が上記と異なりますので調整してください。

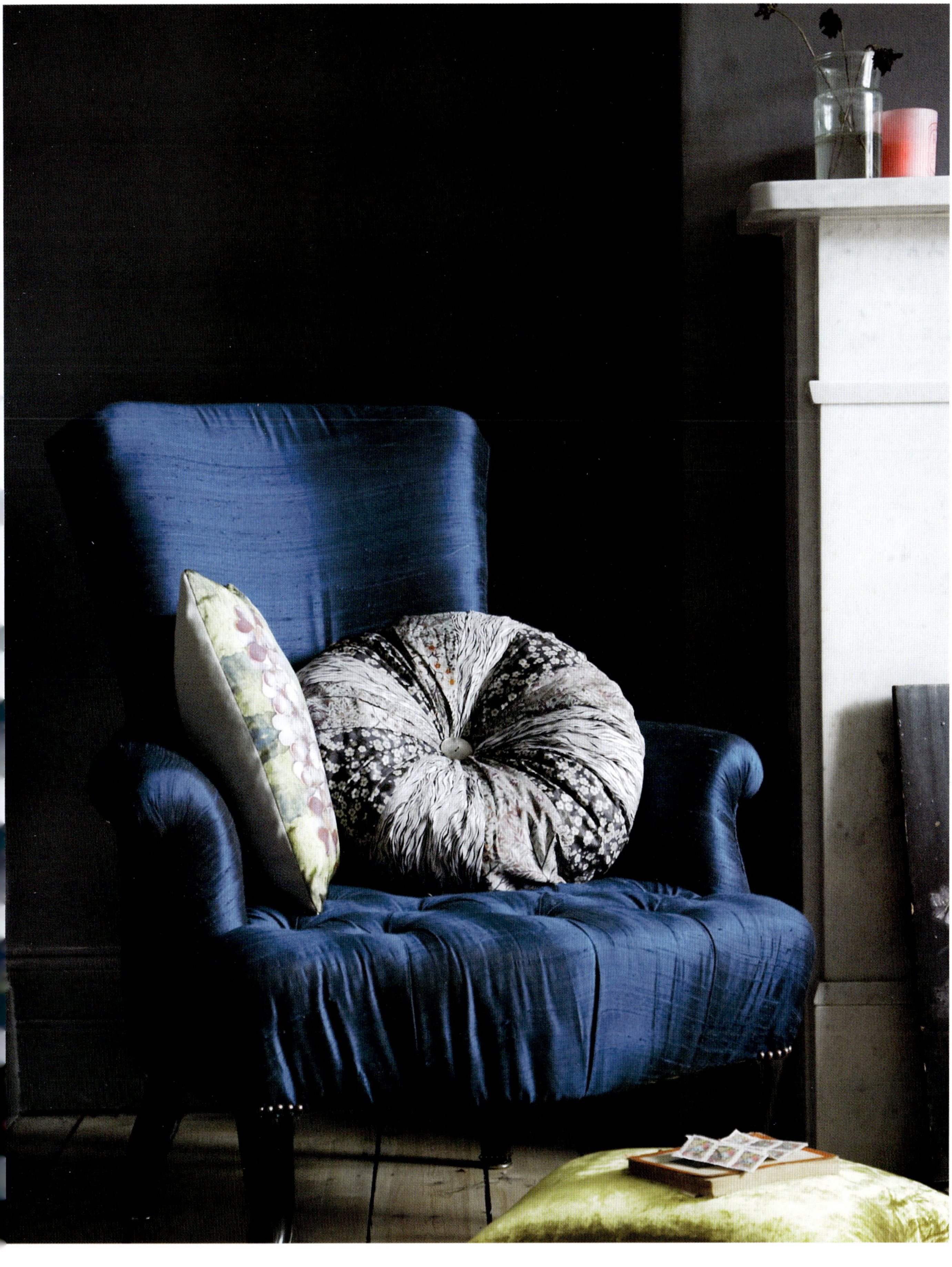

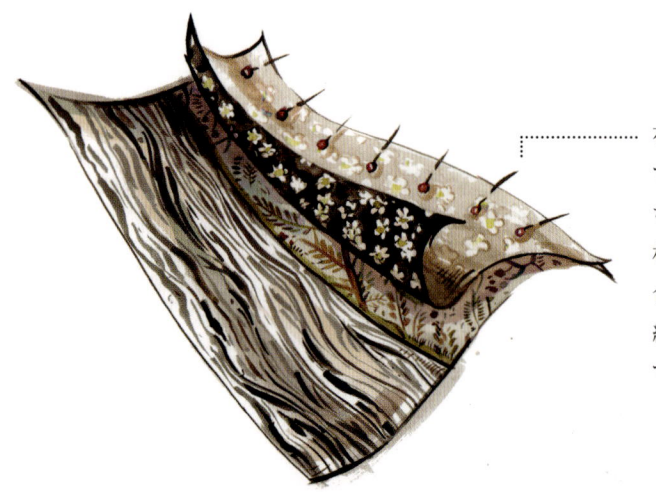

布をつなぎ合わせる　3種類のプリント布から各1枚を取り、3枚で1セットにします。まず2枚の長辺を中表で合わせてまち針を打ち、縫い代1cmでミシン縫いします。同じ要領で2枚目の右側に3枚目をつなぎます。残り9枚のプリント布も同じ順番で繰り返しはぎ合わせましょう。12枚つないだら、最初と最後のプリント布をミシン縫いして筒状にします。縫い代をすべて割り、筒は中表のままにしておきます。

前面にギャザーを寄せる　針に長さ1mの縫い糸を通し、筒の上端から1cmをぐるりとぐし縫いしましょう。このとき、縫い進めながら少しずつギャザーを寄せていきます。一周したら糸を強く引きます。ギャザーの上から何度か重ねて縫い、縫い目を補強したら玉どめします。

後面にギャザーを寄せる　カバーを表に返します。クッションパッドを中に入れ、カバーの中央にきちんと収めましょう。前面と同じ要領で上端にギャザーを寄せます。裁ち端をカバー内側に押し込んでしっかりと縫いとめます。

ラグジュアリーな愛用品

ボタンをつける　ボタンつけ糸を長めの刺繍針（針穴が大きく先の尖ったもの）に2本取りで通し、クッション前面のギャザーの中央を隠すようにボタンを縫いつけます。針を反対側に通し、クッション後面の中心から出します。針をクッションにしっかり差し込むときは、指ぬきを使うと便利でしょう。後面のボタンも同じように縫いつけ、針を前面に戻します。両方のボタンがクッションの中心に沈むように糸を引き、前面のボタンまわりにくるくると巻きつけて玉どめします。

応用編

淡色と濃色の布を交互にリピートさせると、コントラストのはっきりしたストライプ柄のような仕上がりに。色違いの"Edenham（エデナム）"柄で試してみてはいかがでしょう。

●写真のように、かつてエドワーディアン・ジャケット（訳注：細身で丈の長いエレガントなジャケット）を飾った貝ボタンは、クッション中央のポイントとして存在感を放ちます。同じように素材に馴染むヴィンテージボタンを合わせるか、あるいはウッドやメタル、合成樹脂などのモダンなボタンでアクセントを添えても素敵です。

丸いギャザークッション

花柄のコサージュ

まるで彫刻と刺繍を織り交ぜたような造形のコサージュ。
つくり方はいたってシンプルながら、
昼間と夜のどちらの装いにもしっくり馴染む秀逸なアクセサリーができました。
くるんと丸まったダブルフェイスの花びらは、
薄手コットンの花柄プリント2種を接着芯で貼り合わせ、
アイロンでカーヴィに仕上げたもの。
模様が一様に広がる同系色のプリントで、
大きさの異なる花柄をセレクトするのがポイントです。

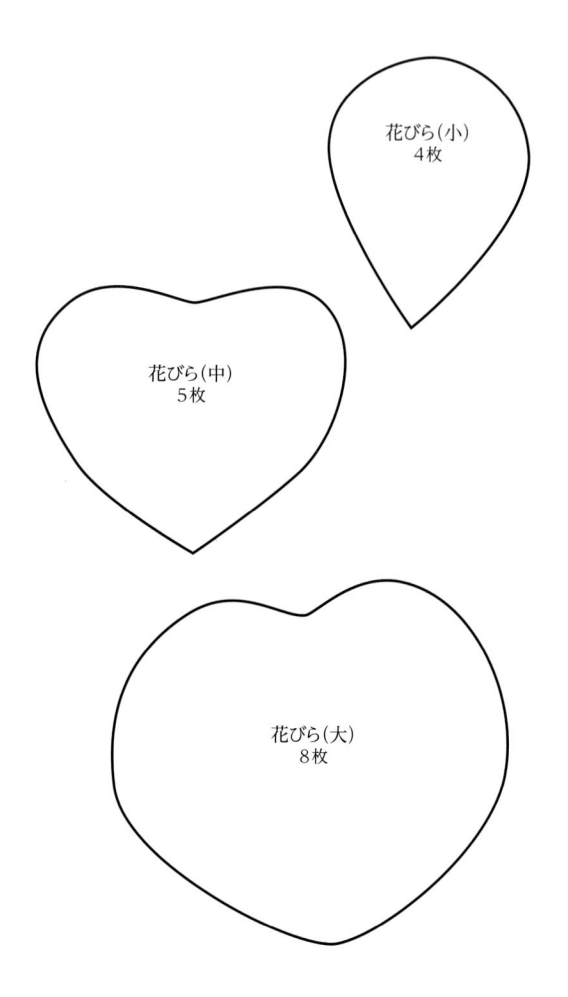

花びら(小) 4枚

花びら(中) 5枚

花びら(大) 8枚

でき上がり寸法

直径約12.5cm

材料

- タナローン"Penny (ペニー)"(薄手コットンの微細柄プリント) 60×30cm
- タナローン"Toria (トリア)"(同系色の小柄プリント) 60×30cm
- アイロン両面接着芯 60×30cm
- 布地に合わせた縫い糸
- トレーシングペーパーとトレーシングペンシル(なくても可)
- 編み針(中)
- ブローチピンまたは安全ピン(小)

裁断

- p.94の説明を参照して布を重ね合わせ、花びらの型紙を写して切り抜きます。
- 花びら(小)　4枚
- 花びら(中)　5枚
- 花びら(大)　8枚

注：この製図は実物大の50%です。
裁断の際には、200%拡大でコピーしてください。

ラグジュアリーな愛用品

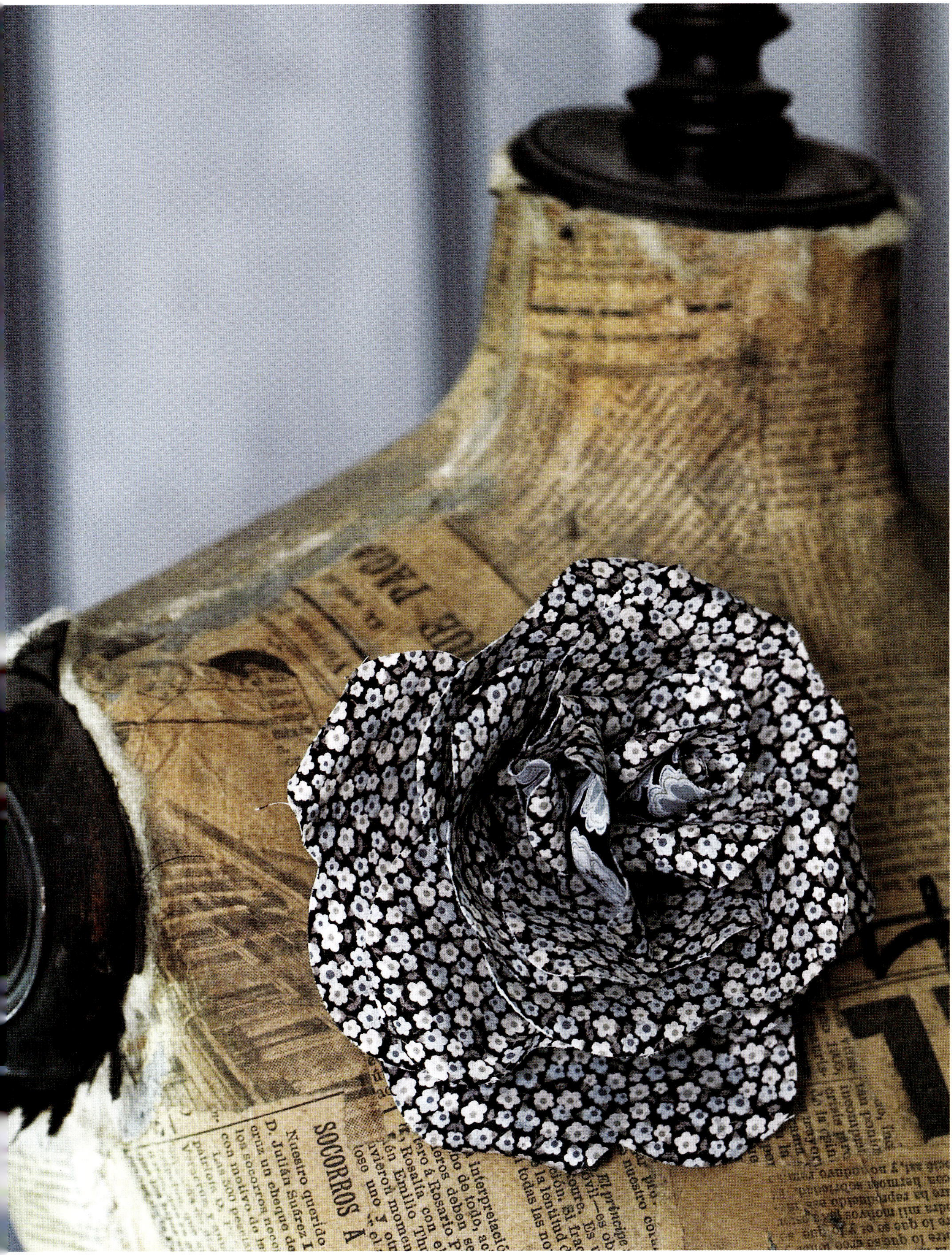

布を重ね合わせる　2種類のプリントを貼り合わせてダブルフェイス（両面）の花びらをつくりましょう。まず、各接着芯メーカーの使用説明にしたがってアイロンの温度を設定します。一方のプリントの裏面にアイロンで接着芯を貼り、はく離紙をはがします。はがしにくい場合は、もう一度アイロンをかけて接着部分をやわらかくします。（訳注：冷めてからはがすタイプもあるので、お使いの接着芯の使用説明にしたがってください。）もう一方のプリントの表面を上にして重ね、アイロンで押さえます。

花びらを切り取る　花びらの型紙を実物大にコピーするか手描きし、3枚の型紙を取ります。重ね合わせたプリント地に型紙をのせ、花びら(小)4枚、(中)5枚、(大)8枚を切り取ります。

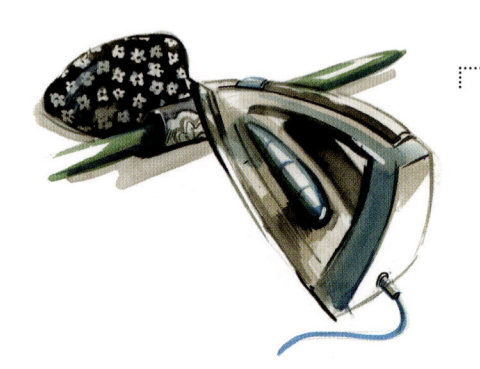

花心を巻く　バラの中心にあたる花びら(小)2枚は強く巻いて丸めます。プリントの表面(バラの正面から見える柄)を上に向け、花びら片側の長い辺に編み針を当ててしっかりとたてに巻きつけます。編み針をゆっくりと転がして花びらを巻き込みながら、熱したアイロンの先を当てます。同じ要領で2枚目の花びらもきっちりと丸めます。

外側の花びらを巻く　残りの(小)2枚、(中)と(大)すべては花びらの上部を外側にカールさせます。プリントの表面を下に向け、花びらの右上を編み針に巻きつけます。斜め下(花びらのつけ根側)に向かって巻き、アイロンで押さえます。左上も同じ要領で、すべての花びらをカールさせます。

プリーツを寄せる　花びら(中)5枚のつけ根にたてのプリーツを小さく寄せて立体感を出し、布地と同色の糸で縫いとめます。

ラグジュアリーな愛用品

バラの中心を縫い合わせる　きつく巻いた花びら（小）2枚から縫い合わせていきます。布地と同色の縫い糸で、最初の花びら（小）の下端から1cmを数針縫います。2枚目の（小）をゆるく巻きつけ、つけ根をしっかりと縫い合わせます。この2枚を花心として、3枚目と4枚目の（小）を両側に同じ要領で縫いつけます。

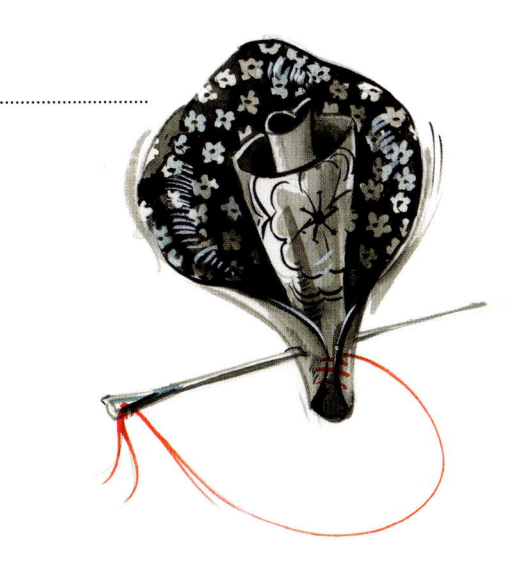

花びら（中）を縫い合わせる　次に花びら（中）を、花心を囲んで1枚ずつわずかに重なるように足していきます。バラの形をしっかりと落ち着かせるには、花びらの脇も数針縫いとめましょう。

花びら（大）を縫い合わせる　最後に花びら（大）をつけ根でしっかりとまとめ、両脇の下端から1-2cmを内側の花びらにとめつけます。

ピンをつける　ブローチピンまたは小さめの安全ピンを、コサージュ裏面の外枠から約4cmの位置に縫いつけたらでき上がりです。

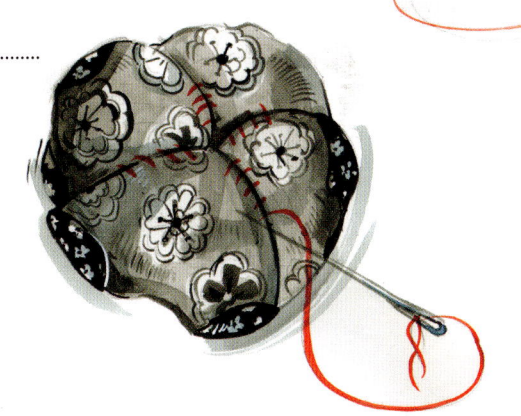

●完成したコサージュに布製の葉のモチーフをプラスするとさらに彩りが添えられます。花柄ファブリックの葉の部分を切り取るか、またはリボン売り場や手芸用品店でベルベットリボンを探してみましょう。

花柄のコサージュ

ローズガーデンのクッション

天然のバラを思わせる花びらは、
スパイダーウェブ・ローズステッチで形づくったもの。
本来は極細のシルクリボンを用いる刺繍ですが、
ここでは幅広のテープ状に裂いたタナローンでスケールアップしてみました。
クッション前面にはピンク、グリーン、レッドを織り交ぜた大輪のバラを
ぎっしりとあしらい、後面はグリーンのベルベットで贅沢にカバーリング。
さらにアンティークな貝ボタンをちりばめ、上質感と表面効果をプラスしています。

でき上がり寸法
47×47cm

材 料
- 前カバー　赤のベルベット　50cm
- バラモチーフ　タナローン(薄手コットン)　赤の無地、"Pepper (ペッパー)"、"Wiltshire (ウィルトシャー)"、"Rock and Roll Rachel (ロックンロール・レイチェル)"　各70cm
- 後ろカバー　緑のクラッシュベルベット　50cm
- バラの色に合わせた丈夫な糸(ボタンつけ糸など)
- 布地に合わせた縫い糸
- 刺繍針(大)
- 針先の丸いとじ針(大)または紐通し
- 脚つきの貝ボタン(またはパールビーズ(大))　10個
- カバーのでき上がり寸法に合ったヌードクッション

裁 断
赤のベルベット:
前カバー　50×50cm
緑のベルベット:
後ろカバー　50×50cm
バラモチーフ用布地:
p.98の説明を参照して6cm幅に裂く

注:裁断寸法は縫い代(1.5cm)分を含む

ラグジュアリーな愛用品

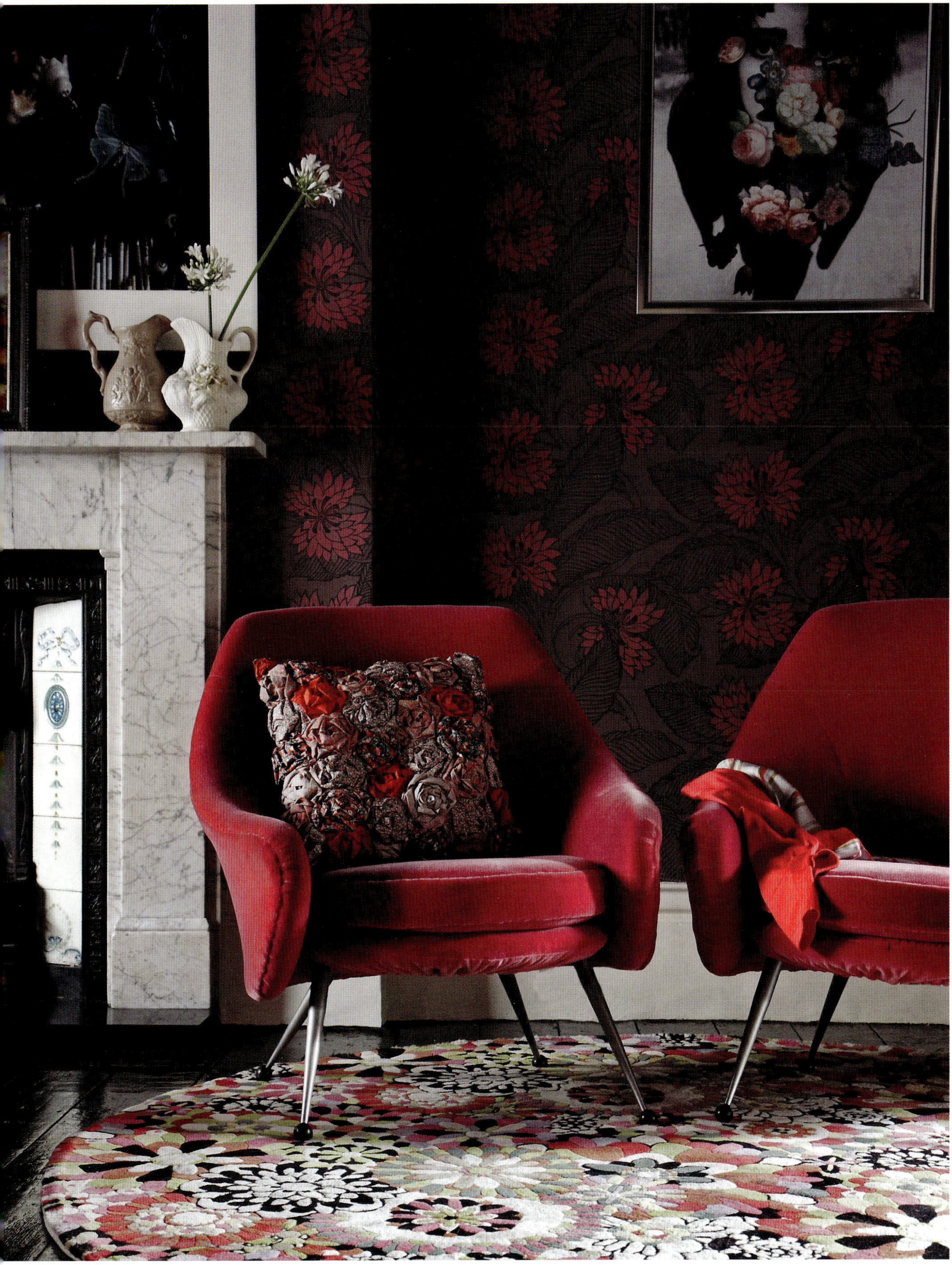

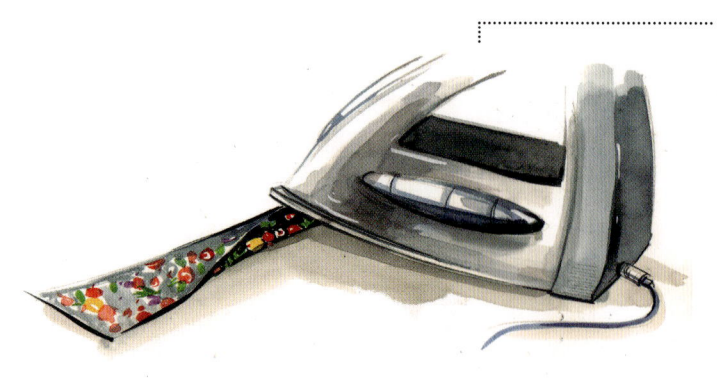

リボンテープをつくる　1輪につき、バラモチーフ用布地4種のうちひとつを耳から耳へ6cm幅に裂いた布片1本を使います。ほつれた長い糸があればカットしておきましょう。布片を外表でたてに二つ折りしてアイロンで押さえ、リボンテープ状にします。裏面が淡い色合いの布があれば、2-3本は中表にして外側に淡い色を出すと、カラーバリエーションが広がります。初めは4種類の布地からそれぞれ数本ずつリボンテープをつくります。（足りなくなったらその都度つくり、リボンテープが余ることのないようにしましょう。残った布は別の作品用にストックしておきます。）

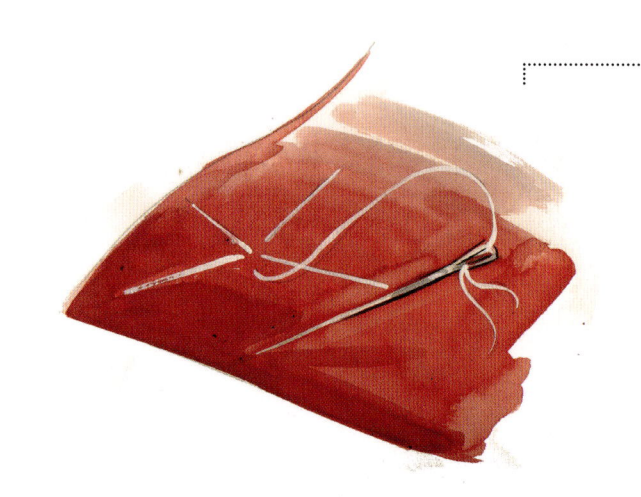

案内線をつくる　前カバー用ベルベットの左下角に、最初のバラの案内線をつくります。バラと同色の丈夫な糸を長めの刺繍針に2本取りにし、中心点から放射状に大きな針目で5本のステッチを入れます。ステッチの長さは4-5cmが目安ですが、長さ・形をきっちりと揃える必要はありません。それぞれのバラに個性を持たせましょう。案内線と布端の間は、少なくとも縫い代1.5cm分あけておきます。

案内線にリボンテープを巻く　先の丸い長めのとじ針（または紐通し）の穴にリボンテープの片端を通します。もう片端は案内線の中心近くに縫いつけます。リボンテープを時計回りに通していきましょう。まず、案内線1本目の上、次に2本目の下、3本目の上、というように、案内線の上下を交互に通していきます。リボンテープを軽く引くと布が自然にねじれ、花びらがらせん状に巻いているように見えます。残り5cmになるまで、くるくると何周も繰り返します。

● カバー布のでき上がり寸法よりも大きめのヌードクッションを選ぶと、贅沢にふっくらとした見た目の仕上がりになります。

リボンテープの端を縫いつける　巻き終わったら、前カバーに小さな切り込みを入れ、とじ針を裏面に出します。バラがほどけてしまわないように、前カバー裏面にリボンテープを縫いつけます。

バラを仕上げる　縫い針にバラと同色の縫い糸を通し、花びらのまわりを前カバーに縫いつけて形が崩れないようにしておきましょう。

残りのバラをつける　前カバーの下端に沿ってバラをあと5つ隣り合わせにつけていきます。下から2列目の最初のバラは、半分の幅でつくりましょう。次の5つは1列目のバラの間にくるように、案内線を1列目のバラとバラの中央にステッチします。最後にもう一度幅の細いバラをつくって2列目は終わりです。同じ要領でバラを交互に配置して次々と列をつくり、前カバーに敷き詰めていきます。全体を覆うには目安として6列必要です。

ローズガーデンのクッション　99

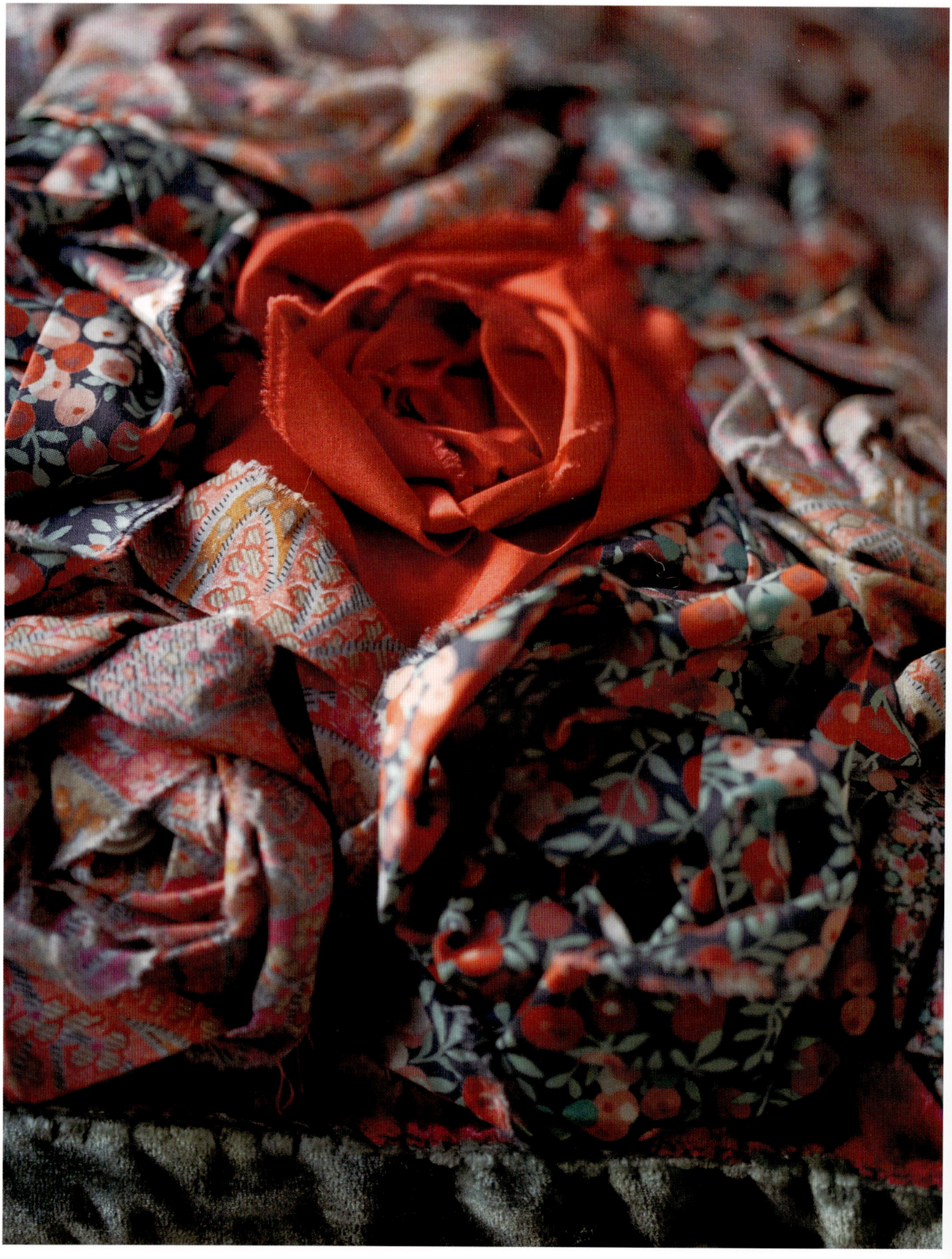

ボタン（パールビーズ）をつける　カバー全面に散らばるように10個のバラを選び、花心に貝ボタン（または大ぶりのパールビーズ）をつけて彩りを添えましょう。

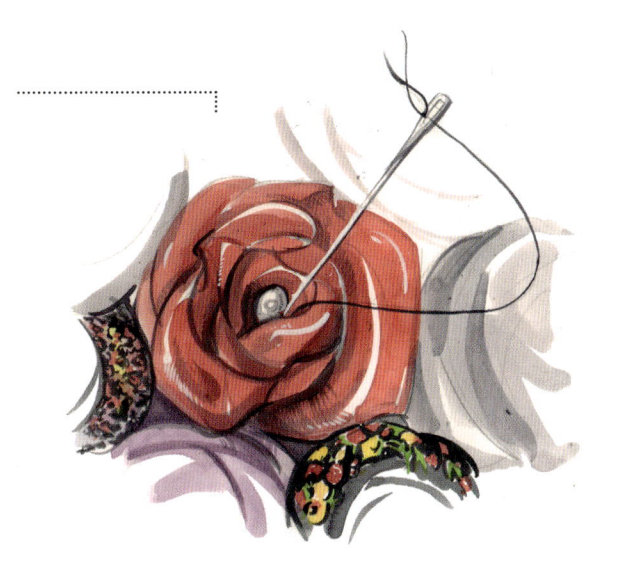

クッションを仕上げる　前カバーの四辺を1.5cm裏側に折ってしつけ縫いをします。後ろカバーの縫い代も同じようにしつけをかけ、前後面を外表にしてまち針でとめます。入れ口を残し、周囲を布地に合わせた縫い糸でコの字とじします。ヌードクッションを中に入れ、入れ口をまち針でとめてコの字とじで始末します。しつけ糸をほどいたら完成です。

- バラモチーフ用の4種の布のうち、ひとつは表・裏の両方を使って全体の色合いに深みとバリエーションを持たせました。とくに効果的なのが、ペイズリー柄のタナローン"Rock and Roll Rachel（ロックンロール・レイチェル）"。裏面のグレイッシュなローズカラーがバラモチーフにぴったりです。

ローズガーデンのクッション

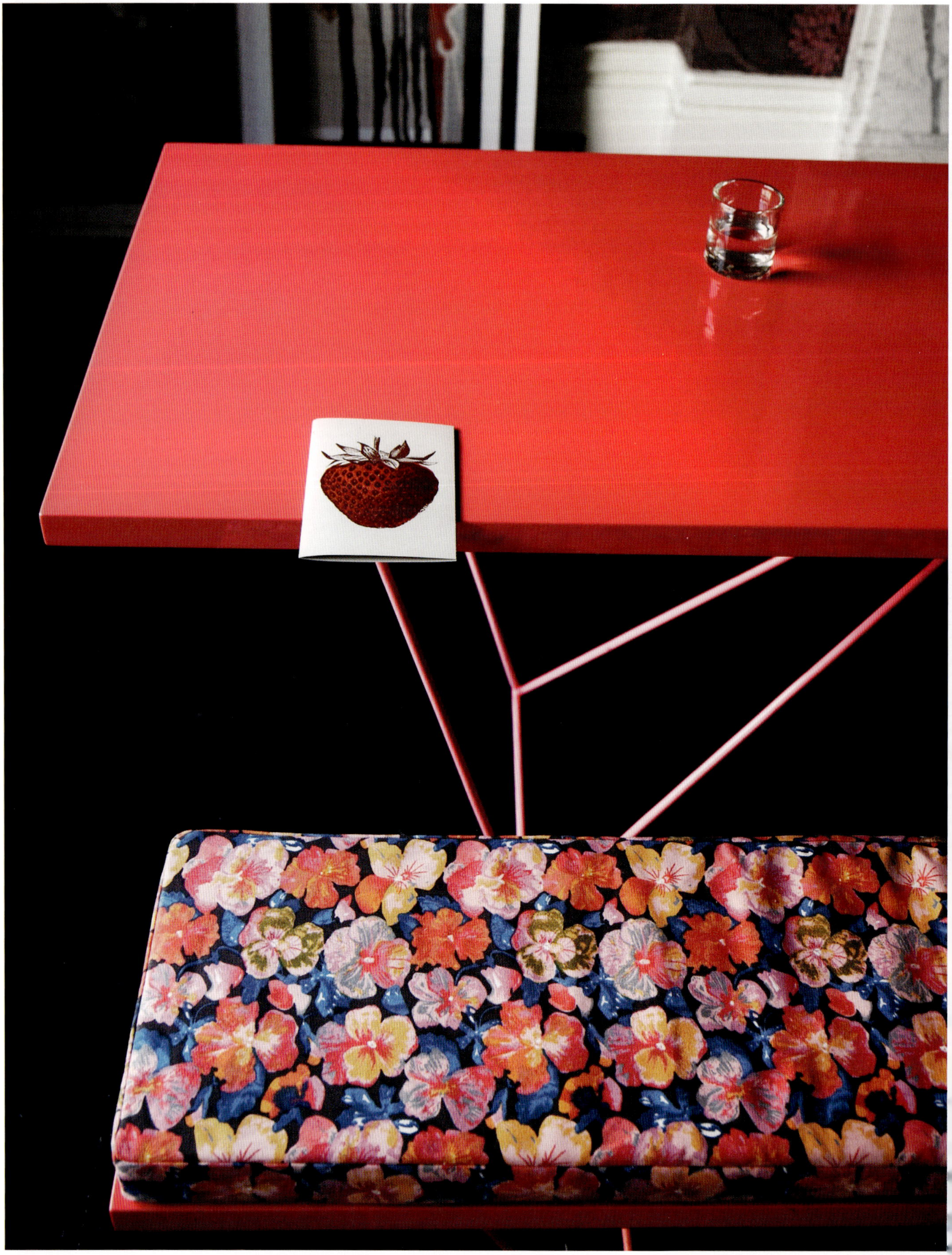

箱型のベンチクッション

シンプルなボックスクッションを重ねただけで、
いつものベンチシートや窓辺の長椅子が座り心地の良いベンチソファーに変身します。
希望のサイズに裁断できるクッション材は専門店などで入手可能ですが、
オーダーの際は現在の安全基準を満たしていることを必ず確認しましょう。
キャンバスのカバー布と同じ要領でキャラコの中袋をつくれば、
クッション材も長持ちします。ふんわり感を演出したいなら、
ポリエステル綿でクッション材をくるんでみましょう。

でき上がり寸法

座面の寸法に合わせたお好みのサイズ

材 料

- コットンキャンバス"Pansies（パンジー・フラワー）"
  （インテリア用厚手コットンの花柄プリント）
- 布地に合わせた縫い糸
- ウレタンフォームのクッション材　厚さ約5.5cmで
  座面の寸法に裁断

用 尺

本体（上面と底面）
- 幅＝クッション材の幅プラス3cm
- 長さ＝クッション材の長さプラス3cm

側面（長）
- 幅＝クッション材の厚さプラス3cm
- 長さ＝クッション材の長さプラス3cm

側面（短）
- 幅＝クッション材の厚さプラス3cm
- 長さ＝クッション材の幅プラス3cm

注：座面が正方形の場合、側面4枚はすべて同寸法。
長方形の場合は、（長）と（短）の側面パネルを各2枚用意する。

裁 断

- 本体　2枚
- 側面（長）　2枚
- 側面（短）　2枚

合印をつける　先の尖った鉛筆を用意し、6枚の各パーツに合印をつけましょう。隣り合う二辺からそれぞれ1.5cmの角位置に「・」印をつけます。印は側面布には裏面に、本体布には表面につけます（濃色の布地には、必要に応じて薄い色鉛筆を使いましょう）。これが縫い始めと縫い終わりの印になります。

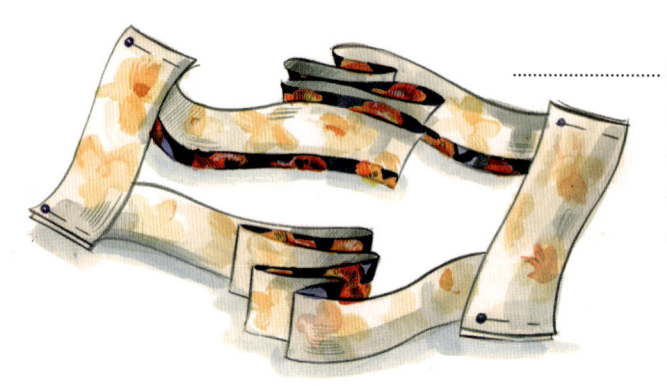

側面を仮どめする　側面（長）1枚の片側の長い辺を1.5cm裏面に折り曲げてアイロンで押さえ、いったん広げます。これがクッション材の入れ口になります。この側面（長）の両脇に側面（短）をそれぞれ中表で合わせてまち針でとめます。次に4枚がつながった輪になるように、もう1枚の側面（長）もまち針でとめます。

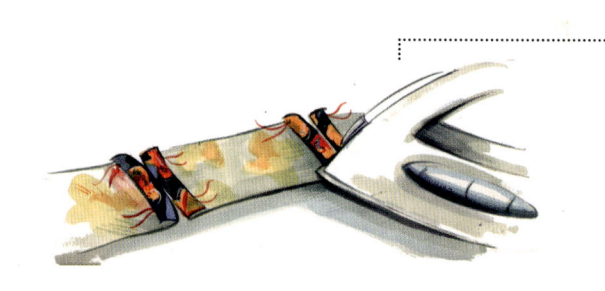

側面を縫い合わせる　4枚の側面布を縫い代1.5cmで「・」印から「・」印までミシン縫いします。縫い始めと縫い終わりは2-3針返し縫いをしましょう。縫い代は割っておきます。

側面を一方の本体に仮どめする　側面（長）の長い辺の折り山を上にして、側面布と本体布1枚の裁ち端どうしを中表に合わせてまち針でとめます。左絵のように角で縫い代を開き、側面が本体から垂直に立つようにします。このとき、縫い線の端を「・」印にぴったりと合わせましょう。

●ウレタンフォームの裁断加工を行う専門店は数多くあります。

側面を一方の本体に縫いつける　側面を上にして、本体の周囲を端から1.5cmでぐるりとミシン縫いします。

側面をもう一方の本体に縫いつける　残りの本体布の長い辺一辺を1.5cm裏面に折り曲げてアイロンで押さえます。これが入れ口のもう一方の折り山です。前と同じ要領で、本体の入れ口以外の三辺をまち針で側面にとめます。このとき、本体側と側面側の折り山どうしを突き合わせます。入れ口を除いた三辺を、縫い代1.5cmでミシン縫いします。

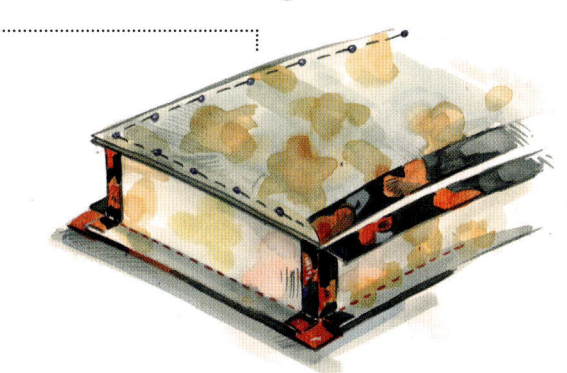

縫い代をカットする　本体の角の縫い目から3mmあけ、縫い代から細長い三角2つを切り落とします。こうすると縫い代のもたつきが減り、角がすっきりと仕上がります。カバー布を表に返し、アイロンで縫い目を押さえます。入れ口からクッション材を入れましょう（寸法によっては多少入れにくいかもしれません）。

カバー布を仕上げる　縫い代がねじれていると仕上がりに凹凸ができるため、すべて平らになっているか確認しましょう。入れ口本体側の縫い代はクッション材に沿わせるように折り、その上から側面布の折り山を突き合わせるようにかぶせてまち針でとめます。細かい針目のハンドステッチで側面を本体にかがりつけます。

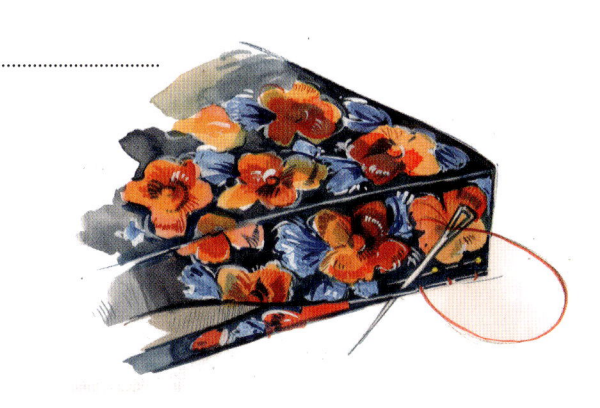

- クッションが滑り落ちないようにするには、綿テープや布紐を縫いつけて椅子の脚に結びます。もっとシンプルにしたければ、強力な両面カーペットテープを使って座面に固定しましょう。

箱型のベンチクッション

フリルのエプロンと鍋つかみ

懐かしさ漂うレトロな魅力は決して色褪せることのないもの。
1950年代の「デスパレート」ではなかった妻たちをお手本に、
手早く仕立てたフリルエプロンは自分用にも親友へのプレゼントにもおすすめです。
タナローンのローズモチーフが美しいこんなエプロンを身にまとったら、
キッチン仕事も一気に楽しくなりそう！
仕上げにはポットホルダー（鍋つかみ）をウエストに吊し、
古きよきアメリカンスタイルの完成です。

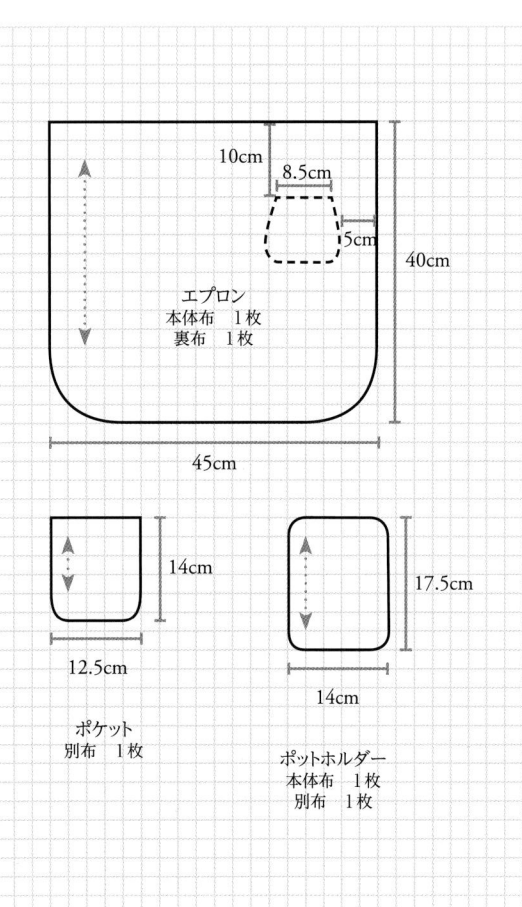

でき上がり寸法

幅43cm　長さ38cm（ウエスト紐、裾のフリル〈9cm〉を除く）

材料

- 別布　タナローン"Glenjade（グレンジェイド）"
  （薄手コットンの微細柄プリント）　136cm幅で長さ60cm
- 本体布　タナローン"Carline（カーライン）"
  （中柄のフローラルプリント）　45cm
- 裏布　薄手の白無地コットン　45×50cm
- 布地に合わせた縫い糸
- キルト糸（ぐし縫い用）

裁断

本体布：
- エプロン　1枚

別布：
- ポケット　1枚
- フリルとウエスト紐用に12×136cmで3本、
  布地の耳から耳へ裁つ。耳の部分もそのままつけておく。

裏布：
- エプロン　1枚

方眼の1目盛り＝2.5cm
注：製図の寸法は縫い代分を含む

106　ラグジュアリーな愛用品

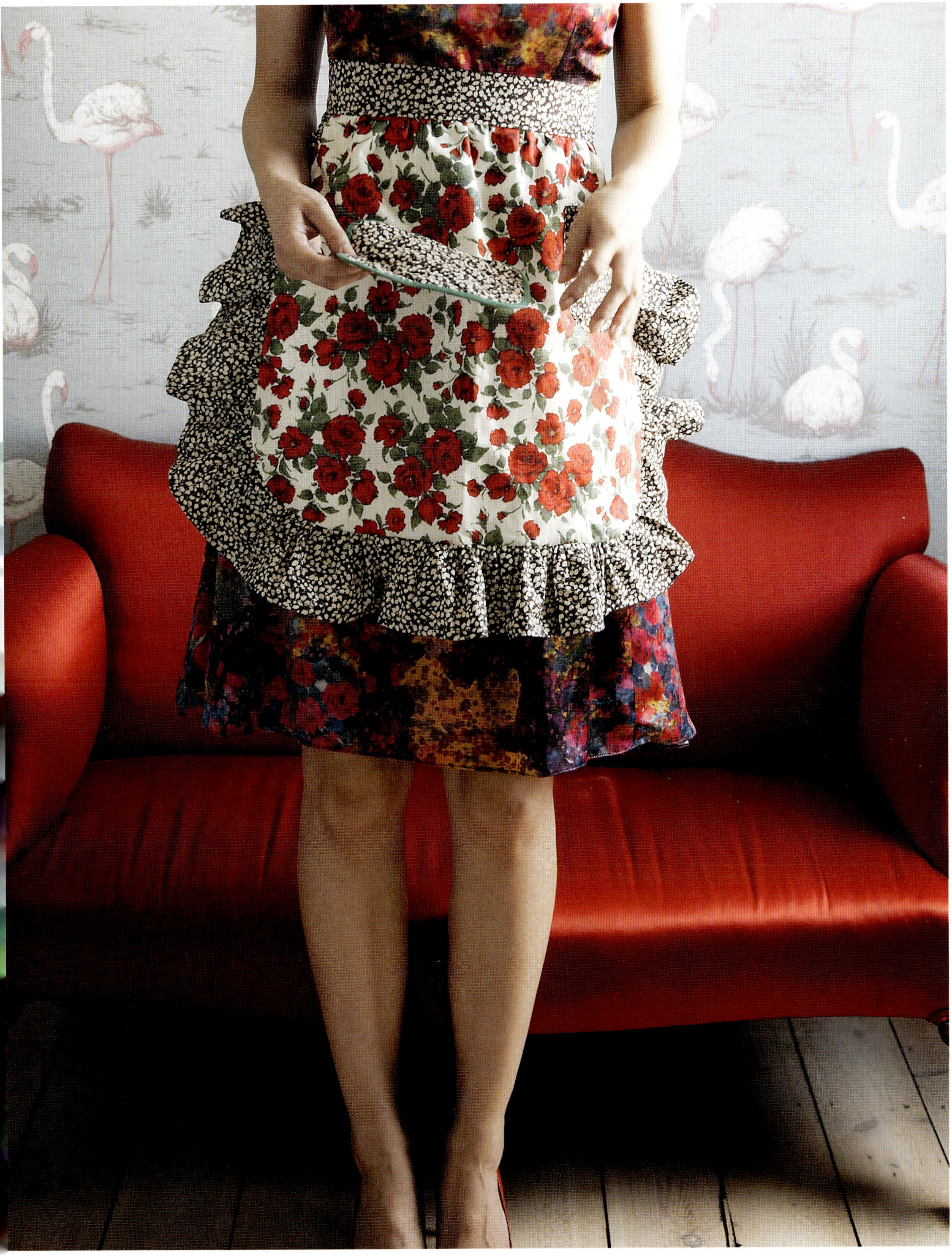

フリル位置に印をつける　テープメジャーを使って、エプロンの両脇と裾のラインに5cm間隔でぐるりとまち針を打ちましょう。エプロンを23分割したこの印は、フリルのギャザーを均等に寄せる目安になります。

フリルをつくる　12×136cmに裁った布片3本を中表にして短い辺をつなぎ、縫い代1.5cmでミシン縫いします。縫い代を割ります。つないだ布片を、フリル用に長さ230cmでカットします。（残りの布片はウエスト紐用に取っておきます）。長い辺の一辺を1cmの三つ折りにしてミシン縫いします。次に布の裏面を上に向け、裁ち端に沿って10cm間隔でまち針を打ちます。これで布片が23分割されました。長めのキルト糸を針に通し、裁ち端から1cmを端から端までぐし縫いします。縫い進めながら糸を引き、まち針の間隔が約5cmになるようにフリルを絞っていきましょう。

エプロンにフリルを縫いつける　フリルとエプロンを中表で合わせ、まち針でとめます。まずエプロンの左上から始め、双方のまち針の位置を合わせます。ギャザーの寄せ方が均等になるように、縫い目に沿ってまち針の先で布を少しずつ動かしながら調整していきましょう。ぐし縫いの上からミシンをかけてフリルを固定します。

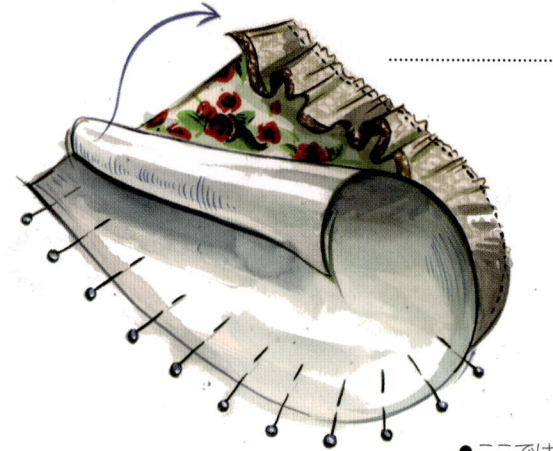

裏布をつける　エプロン表面に白地布をのせ、フリルを2枚の間にはさむようにして両脇と裾をまち針でとめます。花柄布を上にして、フリルの縫い目よりわずかに内側をミシン縫いします。縫い代を6mmにカットし、エプロンを表に返します。アイロンで縫い目を軽く押さえておきましょう。

- ここでは模様の大きさが異なる2種類のプリントを組み合わせましたが、もちろん無地布のフリルを合わせても素敵です。エプロン本体と同系色にしたり、差し色でアクセントにしたり、色合わせを楽しみましょう。

ウエスト紐をつける　次に、エプロンの上端にギャザーを寄せます。表布・裏布を合わせて裁ち端から6mmをぐし縫いし、糸を引いて幅30cmまで縮めたら玉どめします。エプロンをたてに二つ折りしてウエスト中心にまち針を打ちます。ウエスト紐の長い辺一辺を1cm裏面に折ってアイロンで押さえ、いったん折り目を広げます。ウエスト紐とエプロンの裁ち端どうしを中表で重ね、双方の中心を合わせてまち針を打ちます。中心から右端に向かってエプロンとウエスト紐をまち針でとめていきます。このとき、ウエストのギャザーが均等になるように調整しながらとめましょう。続いてフリルの上端もウエスト紐にまち針でとめます。同じ要領でエプロンの左側も仮どめします。エプロンとフリルの上端から1cmをミシン縫いします。

ウエスト紐をアイロンで整える　ウエスト紐のもう一方の長い辺を1cm裏面に折ってアイロンで押さえます（必要に応じてウエスト紐の長さを調整しましょう）。両脇の短い辺も1cm折ります。次に全体を二つ折りしてアイロンで押さえ、中心線に折り目をつけましょう。右絵のように両端を中心線に向かって三角に折り、アイロンをかけておきます。こうすると結び紐の先端がきれいなエッジになります。

ウエスト紐を仕上げる　ウエスト紐を中心線に沿って折ります。ウエスト部分はエプロン裏面に折って縫い目にかぶせ、まち針でとめます。紐部分は折り山を突き合わせてまち針でとめます。ウエスト紐の表面からステッチをかけましょう。端から3mmの位置を、紐の先端から縫い始め、ウエスト下端に沿って縫い進め、もう一方の紐の先端で縫い終わります。仕上げはしっかりとアイロンで押さえます。

ポケットをつける　ポケットの両脇とカーブを含めた底の三辺を1cm裏面に折ります。ポケット口は1cmの三つ折りにしてアイロンで押さえ、上端から3mmをミシン縫いします。ポケットをエプロンの右上端にのせます。両脇を1cmずつ内側に寄せてポケットにふくらみを持たせ、まち針でとめます。折り山から3mmをミシン縫いしましょう。

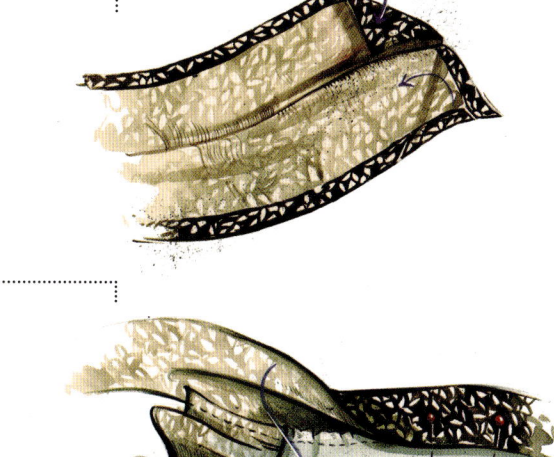

フリルのエプロンと鍋つかみ

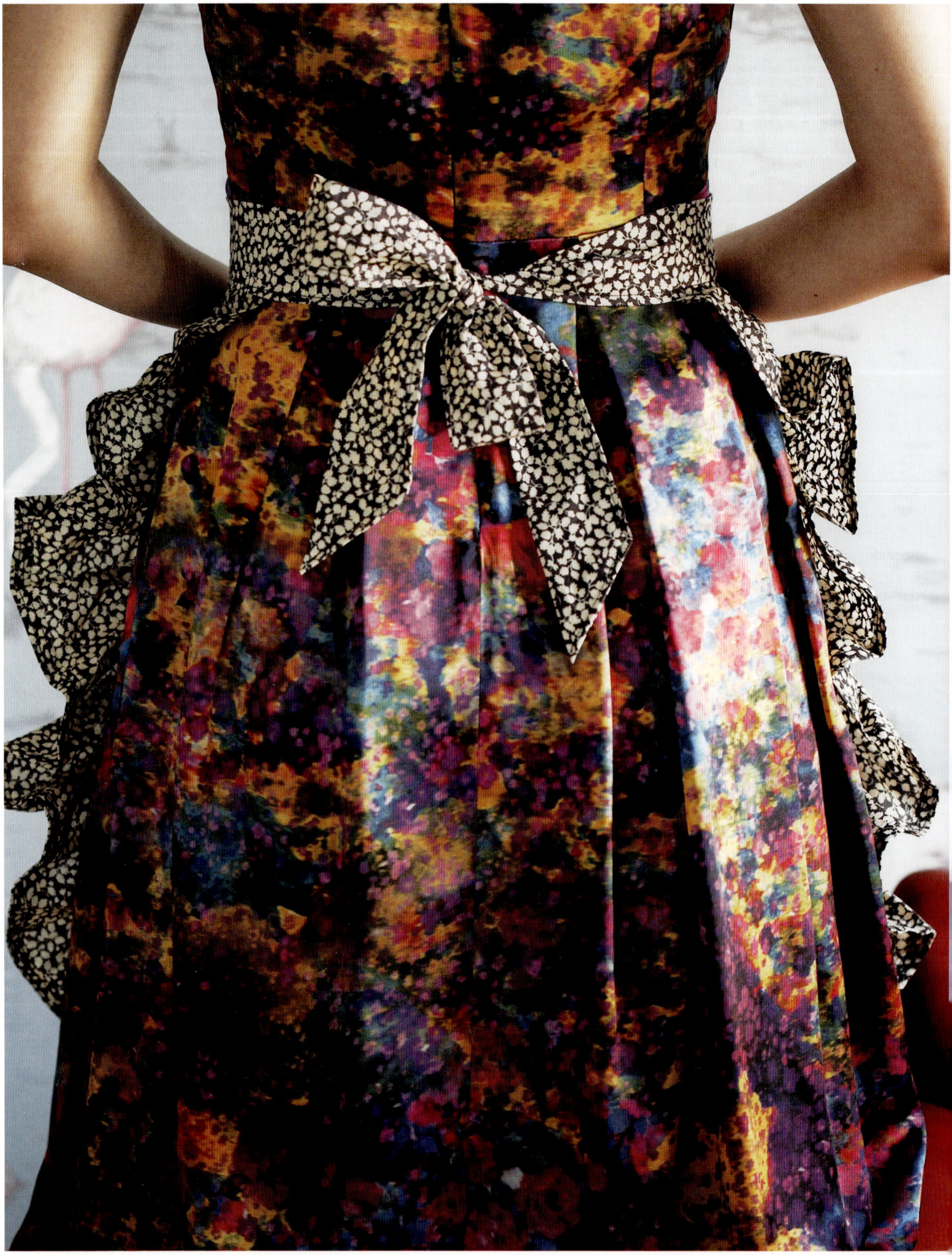

応用編—ポットホルダー(鍋つかみ)

エプロンスタイルの仕上げに、共布キルティング仕立ての
ポットホルダーをつくります。

でき上がり寸法

14×17.5cm

材 料

- エプロン本体布と別布の残り
- キルト芯　20×25cm
- 12mm幅の綿バイアステープ　80cm
- 2cm大の飾りボタン　1個
- 布地に合わせた縫い糸
- 定規またはキルターズルーラー(キルト用定規)

裁 断

本体布／別布／キルト芯
- 20×25cmの長方形　各1枚

注：3枚の布を重ねてキルティングした後、
p.106の製図を参照してポットホルダーの形に裁つ。

1 定規またはキルターズルーラーと先の尖った鉛筆を使い、本体布の表面に3cmの方眼を斜めに描きます。別布の表面を下にして置き、次にキルト芯、最後に本体布の表面を上にして重ねます。まち針としつけで3層の周囲を仮どめし、次に角から角へ斜めにも仮どめします。

2 鉛筆の線に沿ってステッチをかけます。角を丸くしたポットホルダーの型紙をつくり(p.106参照)、キルティングの上にまち針でとめて裁断します。しつけ糸をほどきます。

3 綿バイアステープで縁取りをしましょう。まずポットホルダー上端の中央から始めます。バイアステープの縫い方（手縫いまたはミシン縫い）についてはp.149を参照してください。次にエプロンにぶら下げるループをつくりましょう。残ったバイアステープを8cmにカットします。両端を6mm折ってアイロンで押さえ、折り山どうしを縫い合わせます。ポットホルダー上端中央のバイアステープのつなぎ目に縫いとめます。飾りボタンをエプロンのウエスト紐に縫いつけ、ポットホルダーをかければ完成です。

フリルのエプロンと鍋つかみ

キモノ風ルームウエア

襟元をしなやかに打ち合わせたキモノ風ルームウエアは、
何でもない日常にどこか懐かしくも優雅な雰囲気を添えてくれます。
落ち着いた色合いの抽象柄で素材感の異なる2種類の布地の組み合わせ──
バルカムシルクの"Bailando En Mis Suenos(バイランド・エン・ミス・スエノス)"柄を、
やはりシルク素材のハーコート・クレープデシン"Combe(クーム)"柄でトリミングしました。
仕上がりは英国サイズの12号ひざ下丈。
布地を裁断する前に型紙を体に当てて着丈を確認し、必要に応じて長さの調整を。
フルレングスにする場合は布地を余分に用意しましょう。

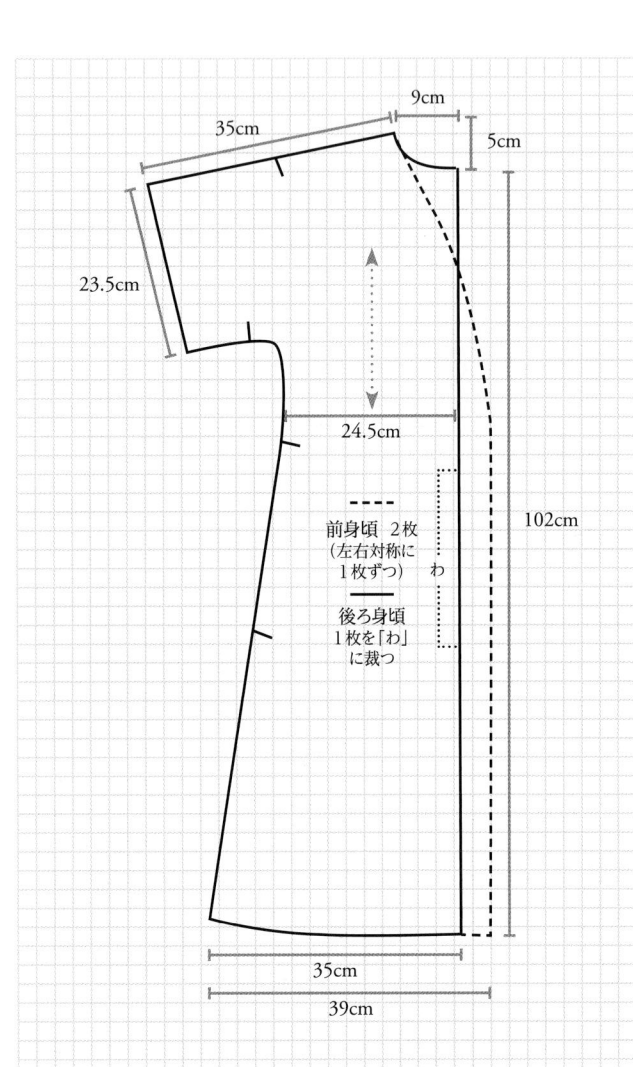

でき上がり寸法

英国サイズ12号 ひざ下丈

材料

- 本体布 バルカムシルク"Bailando En Mis Suenos(バイランド・エン・ミス・スエノス)"
  (薄手シルクサテンの大柄プリント) 2.2m
- 別布 ハーコート・クレープデシン"Combe(クーム)"
  (薄手シルククレープデシンの大柄プリント) 1.1m
- 布地に合わせた縫い糸
- 製図用紙

方眼の1目盛り=2.5cm
注:製図の寸法は縫い代(1.5cm)分を含む

前身頃 2枚
(左右対称に1枚ずつ)
後ろ身頃 1枚を「わ」に裁つ

ラグジュアリーな愛用品

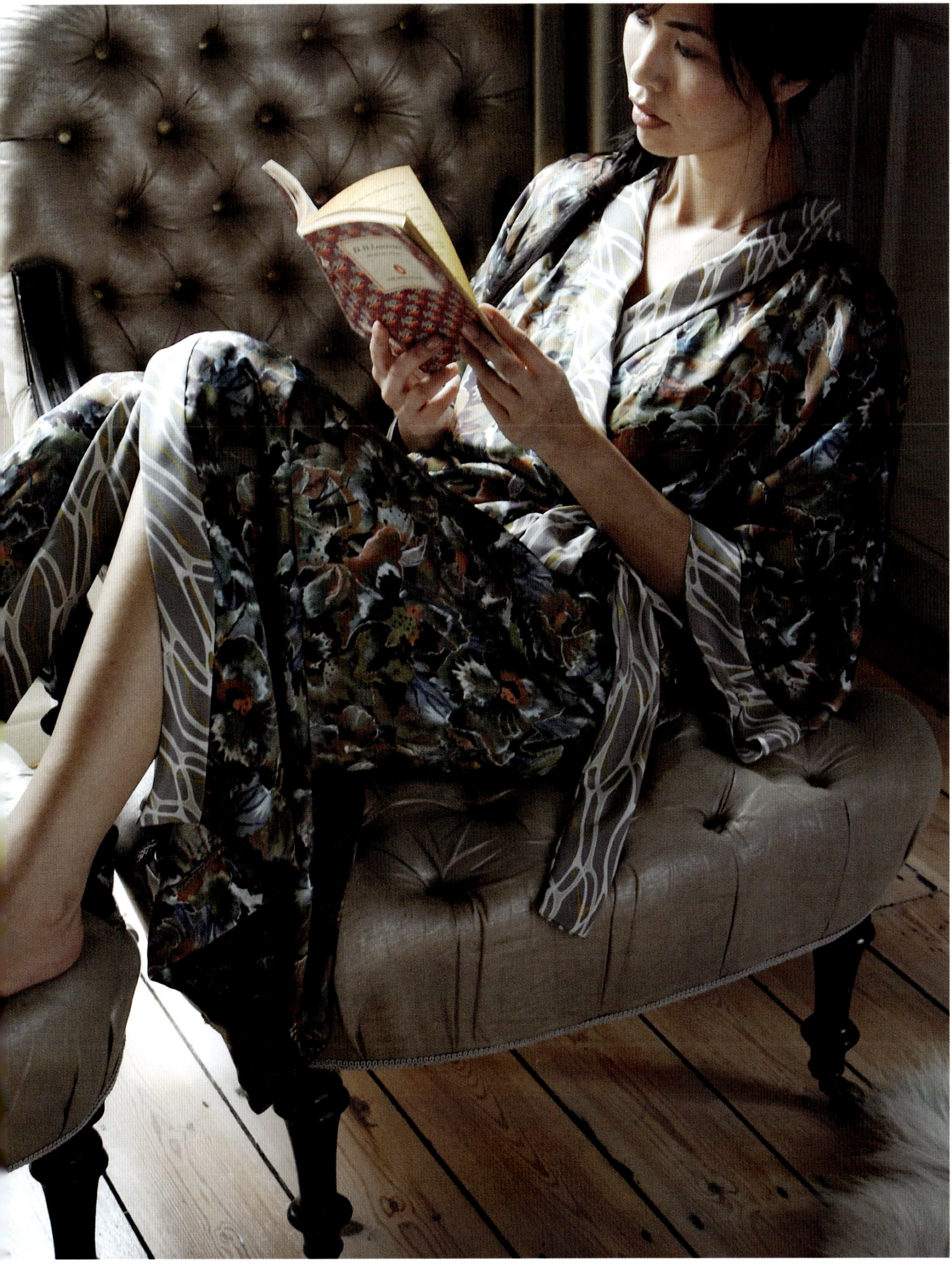

裁 断

必要なすべてのパーツ(前立て、袖見返し、ベルト、ベルトループの長方形を含む)の型紙をつくり、布地を裁ちましょう。製図上の印はすべて布地に写しておきます。とくに指定がない限り、すべてのパーツは布目に沿って裁断します。

本体布:
- 後ろ身頃　1枚を「わ」に裁つ
- 前身頃　2枚(左右対称に1枚ずつ)

別布:
- 前立て　11×127cm　2枚(バイアスに裁つ)
- 袖見返し　11×44cm　2枚(バイアスに裁つ)
- ベルト　11×66cm　2枚
- ベルトループ　3.5×15cm　2枚(バイアスに裁つ)

注:製図上の切り込み印の部分には、縫い代に5mmの切り込みを1-2箇所入れる。これがパーツを合わせて仮どめする際の合印となる。

前・後ろ身頃の裁ち端を始末する　ミシンを幅広のジグザグまたはロックミシンにセットします。布地に合わせた縫い糸で、前身頃と後ろ身頃の肩と、袖下から脇の裁ち端にステッチをかけます。

ベルトループをつくる　ジュエリーロールの結び紐のつくり方(p.67参照)にしたがってベルトループを2本つくります。ループを半分に折って裁ち端を揃え、後ろ身頃のウエスト線に縫いとめます(あらかじめウエスト位置が自分の体型に合っているか確認し、必要に応じて調整しましょう)。

前・後ろ身頃を縫い合わせる　前身頃2枚と後ろ身頃を、中表で縫い代部分の切り込みを合わせて重ね、まち針でとめます。縫い代1.5cmでミシン縫いします。

カーブに切り込みを入れる　最初のステッチの上からもう一度ミシンをかけ、袖下のカーブの縫い目を補強しておきましょう。袖下の縫い代に小さな切り込みを3-4箇所入れてもたつきをなくします。縫い代はすべて割り、本体を表に返します。

114　ラグジュアリーな愛用品

袖見返しをつくる　袖見返し布の短い辺を中表で合わせてまち針でとめ、端から1.5cmをミシン縫いします。縫い代を割ります。次に、輪になった一方の端を1.5cm折り返してアイロンで押さえます。

袖見返しを縫いつける　袖見返しと袖下の縫い代位置を揃えて中表で合わせ、まち針でとめます。裁ち端から1.5cmをミシン縫いし、縫い代を1cmにカットします。縫い代は袖見返し側に倒しておきましょう。

袖口を仕上げる　本体を裏に返します。縫い代が隠れるように袖見返しを半分に折り、縫い線に折り山を沿わせます。まち針を打ち、折り山をできるだけ縫い線に沿ってまつり縫いします。

裾を折り返す　本体の裾を1cm折ってアイロンをかけ、さらに3cm折ってアイロンで押さえます。たわみを調整しながらまち針でとめ、折り代を手縫いまたはミシン縫いします。裾脇の裁ち端はしつけ糸でとめておきましょう。

キモノ風ルームウエア

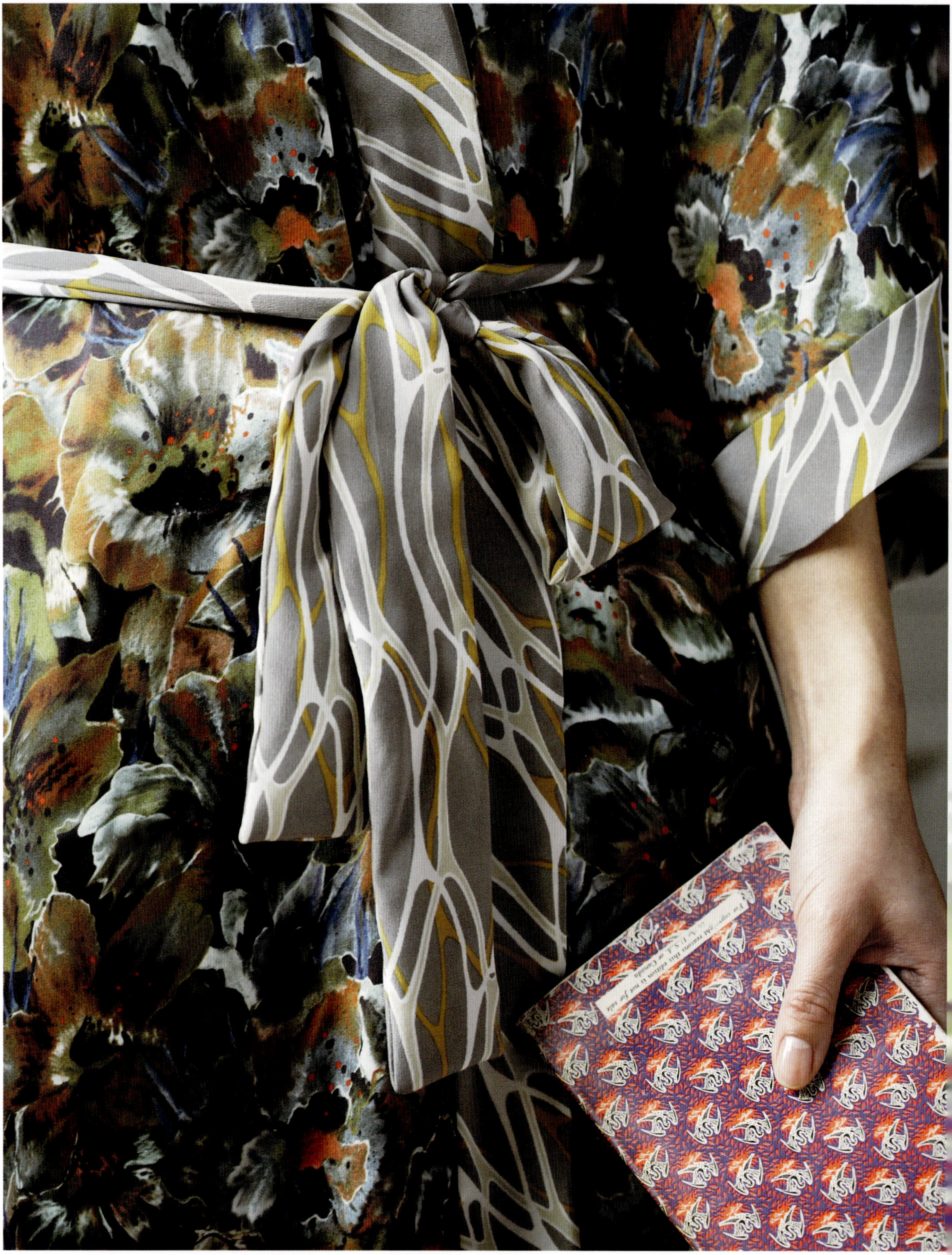

前立てをつくる　前立て布2枚の端と端をまち針でとめて縫い合わせます。この縫い目が後ろ中心となります。縫い代を割り、長い辺の一辺を1.5cm折り返してアイロンで押さえておきます。

前立てを縫いつける　前立ての縫い線を、本体後ろ中心に中表で合わせてまち針を打ちます。前身頃の左右それぞれの裾までまち針でとめていきます。前立て裾は左右とも本体の裾より長くなります。縫い代1.5cmでミシン縫いし、縫い代は前立て側に倒しておきましょう。前立て裾を本体の裾に合わせて折り返し、アイロンで押さえます。

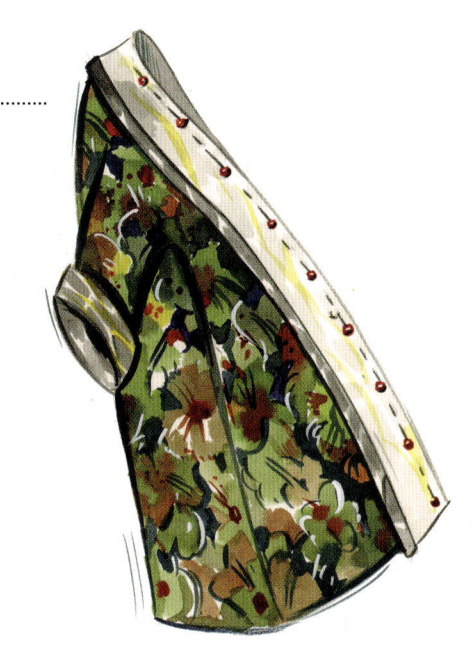

前立てを仕上げる　前立てを本体の裏面に折り返し、縫い線に折り山を沿わせます。カーブした部分のたわみを調整しながらまち針でとめ、手縫いまたはミシン縫いします。前立ての裾は左右ともにコの字とじで始末しましょう。

ベルトをつくる　ベルト布2枚の短い辺を中表で合わせてまち針を打ち、ミシン縫いでつなぎ合わせます。縫い代は割っておきましょう。次に中表でたてに二つ折りします。中央の縫い代あたりに約15cmの返し口を残し、裁ち端から1cmをぐるりとミシン縫いします。角を三角に切り落とし、返し口から表に返します。仕上げにアイロンで押さえ、返し口をコの字とじで縫い合わせたら完成です。

キモノ風ルームウエア　117

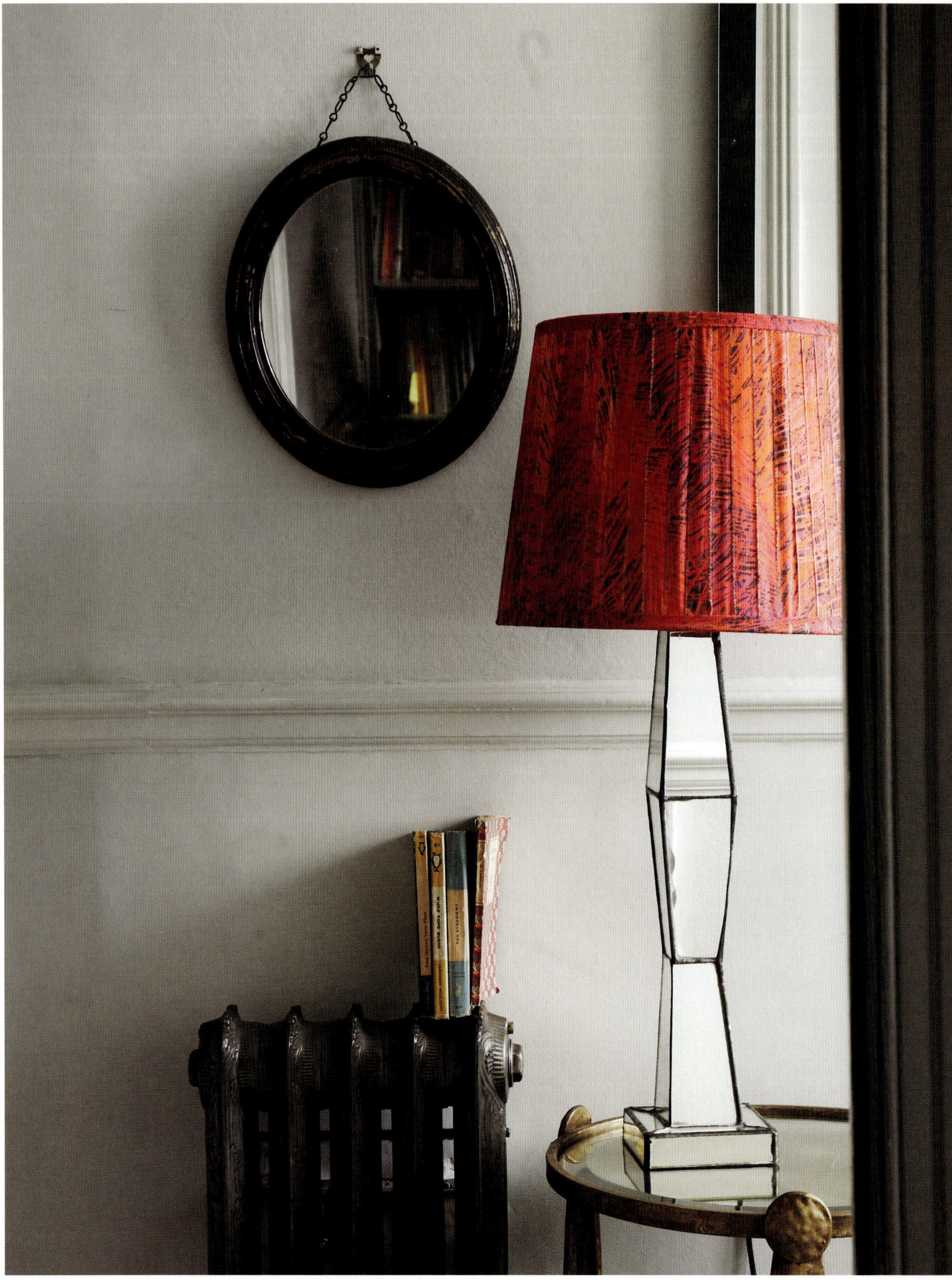

布を巻いたランプシェード

インテリアショップでランプシェードを探しても、
なかなか「これ」と思える逸品は見つからないものです。
そんなときこそ、おすすめしたいのがカスタマイズ。
照明器具の専門店で新品のメタルフレームを購入したり、手持ちのシェードをリサイクルしたり、
あるいはフリーマーケットの掘り出しものを好みの布地でリメイクしたり、
選択肢はいろいろです。
時間もかからず、ごく初歩的なソーイングで仕上がるのも魅力的です。

でき上がり寸法

照明の寸法に合わせたお好みのサイズ

材料

- タナローン "Explosions in the Sky（エクスプロージョン・イン・ザ・スカイ）" 薄手コットン（必要量については「用尺」を参照）
- 布地に合わせた縫い糸
- 2cm幅の両面テープ

用尺

布の必要量は、ランプシェードの大きさと布片を巻く間隔によって異なります。目安として、写真の直径36cm／高さ30cmのフレームには、4cm幅に裂いたタナローンを約90cm使いました。

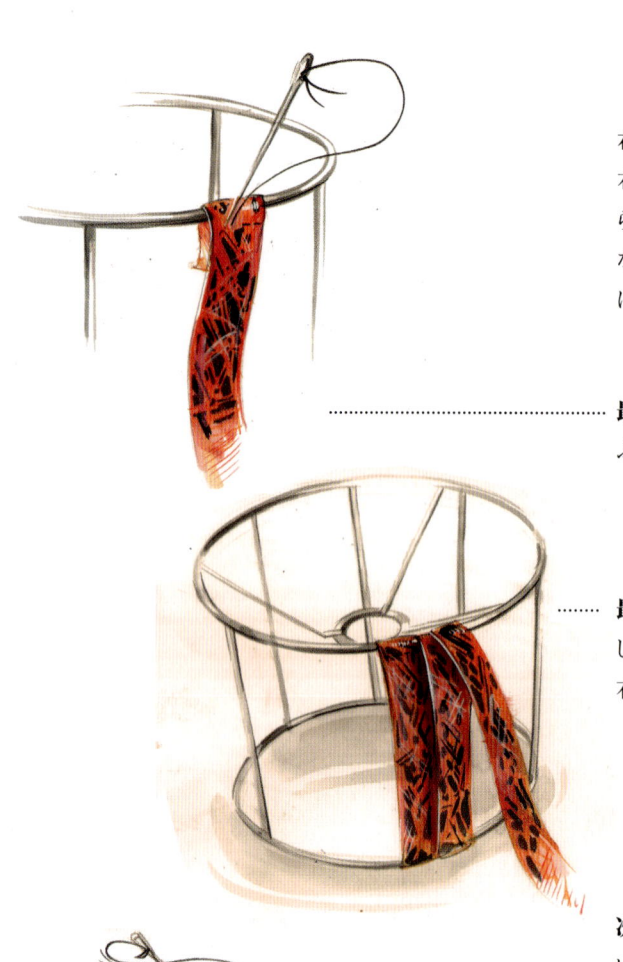

布片の下準備をする　布地両脇の耳をカットしておきます。次に布幅の端から端へ4cmずつ裂いていきましょう。10本ほど裂いたら、ほつれた糸をカットして布片をアイロンで押さえます。（足りなくなったらその都度裂いてアイロンをかけ、布片が余ることのないようにしましょう。残った布は別の作品用にストックしておきます。）

最初の布片をとめる　メタルフレームの上の輪に最初の布片をかぶせて端を折り曲げ、星止めで縫いつけます。

最初の布片を巻きつける　下の輪を巻くように布片を外側からまわし、上の輪の内側から出します。くるくるとメタルフレームの左から右へ、約1.5cmずつ重ねながら巻いていきます。

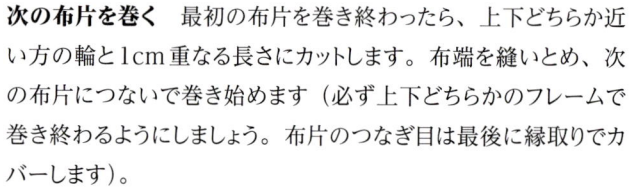

次の布片を巻く　最初の布片を巻き終わったら、上下どちらか近い方の輪と1cm重なる長さにカットします。布端を縫いとめ、次の布片につないで巻き始めます（必ず上下どちらかのフレームで巻き終わるようにしましょう。布片のつなぎ目は最後に縁取りでカバーします）。

アームまわりを始末する　メタルフレームの上のアームにかかったら、布の右端に小さな切り込みを入れてアームまわりにフィットさせます。布片を下から上に返す際には、左端に切り込みを入れてアームの反対側に沿わせます。

ラグジュアリーな愛用品

布片を縫いつける　フレーム全体をすっぽり覆うまで布片を巻き続けます。巻き終えたら、上下の輪のきわにぐるりと細かい針目の並縫いをします。布片が動かないようにしっかりと固定しましょう。

縁取りをする　上下の輪に、両面テープで布片を貼りつけて縁取りをしましょう。縁取り用に、布幅の端から端へ5cm幅で2本（上下1本ずつ）カットするか手で裂きます。（縁取り布の長さが輪の円周よりも短い場合、布片を2本つなげて縫い代を割っておきます。）長い辺をどちらも1cmずつ裏に折ってアイロンで押さえます。両面テープを布片裏面の中心からへりにかけて端から端まで貼ります。はく離紙を少しずつはがしながら、上の輪に縁取りをしていきます。アームにさしかかったら、内側に小さな切り込みを入れて調整しましょう。最後は端を3cm重ね合わせて巻き終わります。下の輪も同じ要領で巻いたらでき上がりです（下記、安全上の注意をごらんください）。

応用編

赤い絵の具が飛び散ったような"Explosions in the Sky（エクスプロージョン・イン・ザ・スカイ）"柄は、リビング空間をスタイリッシュに演出します。子供部屋や寝室用に落ち着いたデザインが良ければ、"Miranda（ミランダ）"柄がおすすめです。あらかじめ布をランダムなプリーツ状に折って柄の重なり具合を見てみると、細く裂いて巻いたでき上がりの印象がわかります。布の持つ思いがけない表情にはっとさせられるでしょう。

●安全上の注意：布製のランプシェードには、必ずワット数の低い省エネルギータイプの電球を使い、高温になり過ぎないように注意してください。

バラモチーフの掛け布

ヨーロッパにインド更紗(さらさ)の貴重な紋様がもたらされ、
18世紀には「ブローダリーパース」と呼ばれるアップリケが広まりました。
この技法はモチーフのもちを良くして長く保存できるようにと考えられたもの。
大ぶりの花柄が華やかな印象の"Kate Ada (ケイト・アダ)"は、
ブローダリーパースには格好の素材です。
フラワープリントに無地のコットンをあしらったモチーフで、
切り絵のように仕立ててみましょう。

でき上がり寸法

幅111cm　長さ131cm

材料

- 本体表布　オフホワイトのリネンまたは
同程度の厚みのある布地　125cm
- 縁布　赤い無地のタナローン(薄手コットン)　125cm
- フラワーモチーフ　タナローン"Kate Ada (ケイト・アダ)"
(大柄フローラルプリント)　90cm
- 無地のモチーフ　タナローン無地2色　各25cm
- 本体裏布　タナローン小柄プリント　1.4m
- 布地に合わせた縫い糸
- アイロン両面接着芯　90cm
- 明るい差し色のミシン糸　2色以上(アップリケの刺繍用)

裁　断

本体表用リネン：
- 102×122cm　1枚

縁布用無地コットン：
- 縁布(長)　9×122cm　2枚
- 縁布(短)　9×114cm　2枚

本体裏布用プリント：
- 114×134cm　1枚

大柄フローラルプリントおよびモチーフ用無地布：
- p.124の説明を参照してモチーフをカットする

注：裁断寸法は縫い代(1.5cm)分を含む

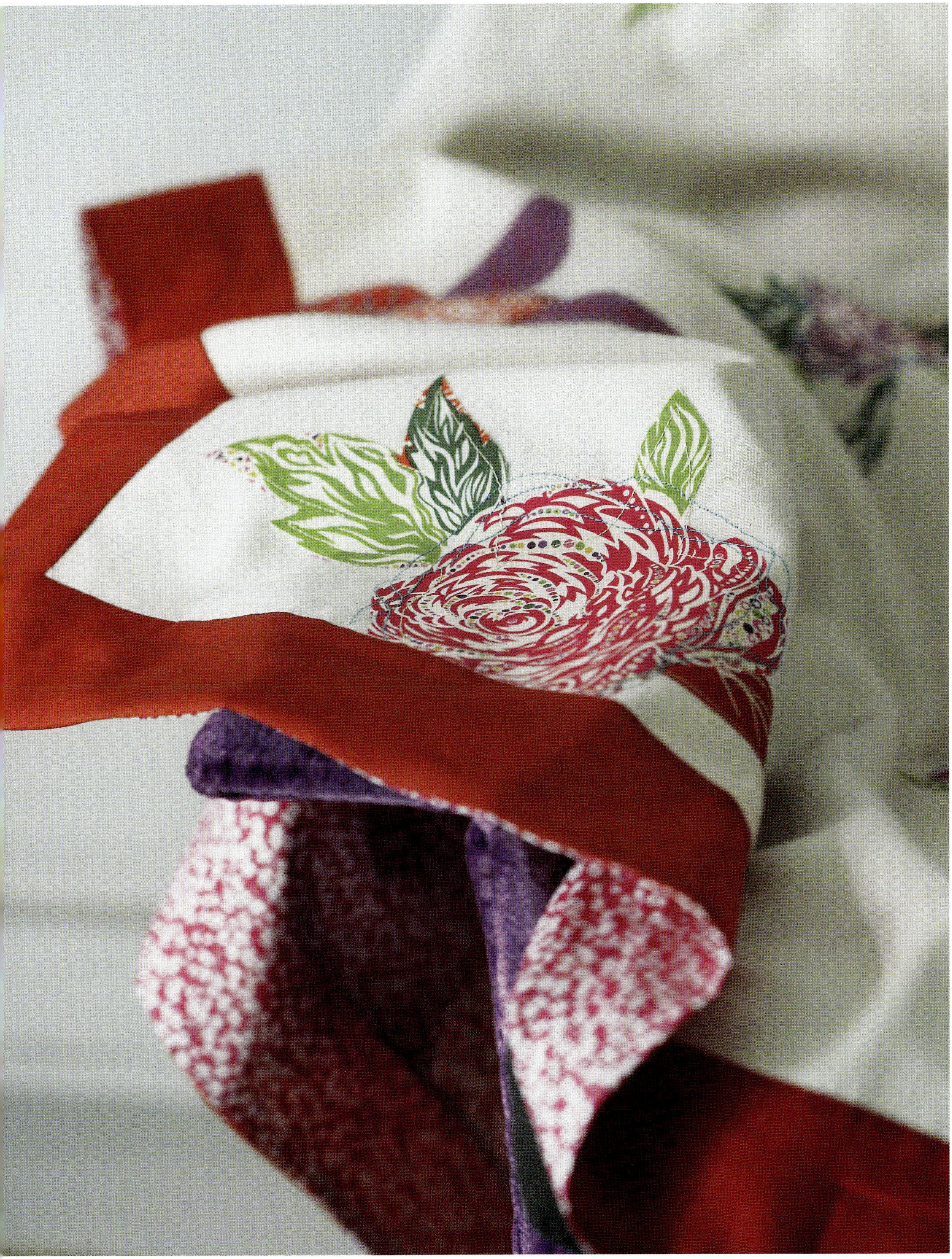

モチーフをカットする 接着芯メーカーの使用説明にしたがって大柄フローラルプリントの裏面にアイロン接着芯を貼り、大小様々な単独のバラ、葉のついたバラ、単独の葉など、いろいろなモチーフをあら裁ちしましょう（写真の掛け布では、（小）5、（中）11、（大）5枚のバラのモチーフを使いました）。次に、輪郭に沿ってすべてのモチーフをていねいに（多少ずれても大丈夫）切り取ります。布端用に一辺を直線に裁ったモチーフを2-3枚用意しましょう。

モチーフを裏打ちする 一部のフラワーモチーフに無地布を重ね合わせ、大きさと色味を足していきます（縁布の余りとモチーフ用の無地布を裏打ち布として使いましょう）。まず、モチーフより全体に2cm大きくカットした無地布の裏面にアイロン接着芯を貼っておきます。フラワーモチーフ裏面のはく離紙をはがし、無地布の中央にアイロン接着します。モチーフのまわりを、流れるようなカーブを描いて切り抜きます。

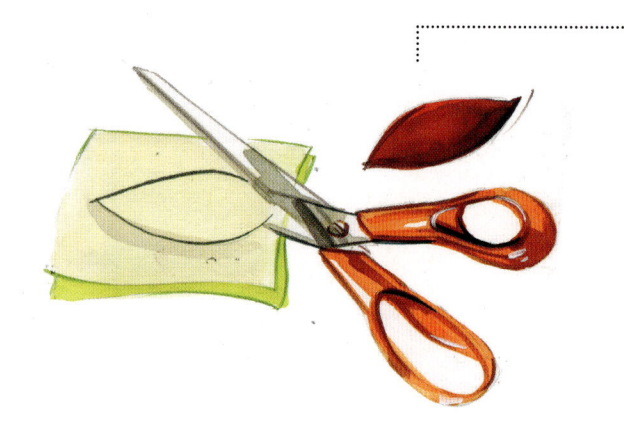

葉のモチーフを切り抜く さらに、3色の無地布の残りから葉のモチーフをつくりましょう（写真の掛け布では32枚の葉を使いました）。アイロン接着芯のはく離紙側に葉っぱの形を1枚ずつ描き、布にアイロン接着します。葉の輪郭線に沿って切り抜きます。

ラグジュアリーな愛用品

モチーフを配置する　本体表布の全体にバラと葉のモチーフを並べます。気に入ったレイアウトになるまで工夫してみましょう。各モチーフの間を均等に取り、一辺を直線に裁ったモチーフは布端に配置します。はく離紙をすべてはがします。葉だけのモチーフは、根元をバラの下に入れ込んで両方ともまち針でとめておきます。

モチーフを本体に貼りつける　接着芯メーカーの使用説明にしたがってモチーフを本体布にアイロン接着します。単独のバラと葉を組み合わせたモチーフでは、葉を先に貼り、その根元にバラを重ねて接着しましょう。

ミシン刺繍をする　各モチーフに流れるようなラインのストレートステッチで刺繍をします。ミシン刺繍で線を"描く"のが初めてなら、まずは端布で練習しましょう。バラの輪郭はなめらかな曲線を描き、葉の部分は葉脈のような線を入れます。モチーフの輪郭をはみ出しても構いません。明るい差し色を2色以上使って刺繍していきましょう。

バラモチーフの掛け布　125

WILLIAM MORRIS by himself
LUCIAN FREUD
The School of London
Marilyn
Banksy
CHAIM SOUTINE
IMPRESSIONISM
HERBERT
Marlene Dumas
CEZANNE by himself
Andy Goldsworthy
TIME

縁布をつける　長い方の縁布を本体布の両脇に中表で合わせてまち針でとめ、縫い代1.5cmでミシン縫いします。縁布を折り返し、縫い代は縁布の下になるように外側に向けてアイロンで押さえます。短い方の縁布も本体布の上下に同じ要領で縫いとめます。

裏布をつける　本体の表布と裏布を中表で合わせ、周囲をまち針でとめます。返し口として一角に30cmほどのあきを残し、周囲を縫い代1.5cmでぐるりとミシン縫いします。返し口の縫い代は割っておきましょう。四隅の角を小さな三角形に切り落としたら（p.151参照）、本体を表に返します。角を出し、裏面から軽くアイロンで押さえます。返し口の折り山を突き合わせてまち針でとめ、コの字とじで縫い合わせたらでき上がりです。

- お好みで、フラワーモチーフを本体布にハンドステッチで縫いとめる方法もあります。その場合は、まわりをボタンホールステッチでかがり、ランニングステッチで刺繍しましょう。

おばあちゃんの花園キルト

時代を超えて愛される伝統的なヘキサゴン（六角形）のパッチワーク。ピースをつなげた"おばあちゃんの花園"パターンなら、バラエティ豊かなクラシックタナローンのプリント柄を存分に堪能できます。花びら6枚からなるロゼットには、それぞれ色とスケールを対比させた2種類の花柄プリントを選びました。英国式に、キルトはすべてペーパーライナーを使ってハンドステッチしたもの。ちくちくと時間をかけて仕上げた作品には愛情がたっぷり詰まっています。

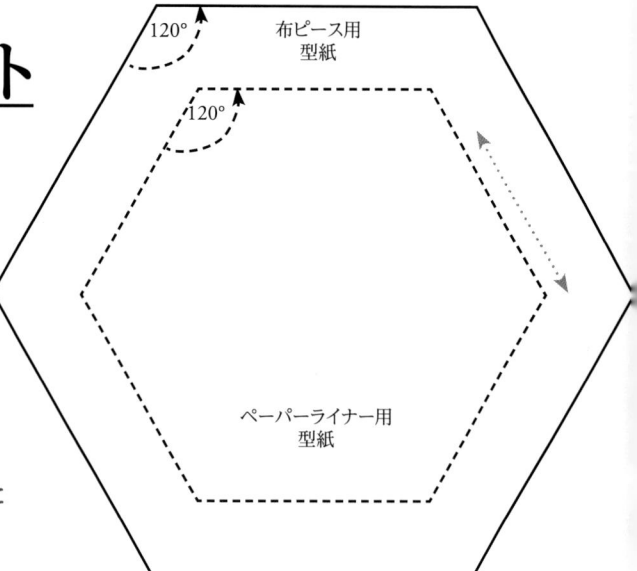

でき上がり寸法

子供用ベッドカバー　幅83cm　長さ126.5cm（「サイズの変更」を参照）

材料

- 花柄ピース　タナローン"Capel（カペル）"、"Douglas Stripe（ダグラス・ストライプ）"、"Eloise（エロイーズ）"、"Fairford（フェアフォード）"、"Pepper（ペッパー）"、"Rania（レーニア）"、"Sarah's Secret Garden（サラズ・シークレットガーデン）"、"Tatum（テイタム）"（薄手コットンの小柄・微細柄プリント8種）各20cm
- 白地ピース　薄手の白無地コットン　112cm幅で長さ90cm
- 裏布　薄手の白無地コットン　112cm幅で長さ1.4m
- 厚手のキルト芯　95×137cm
- 布地に合わせた縫い糸
- 白のキルト糸
- 薄手のボール紙（型紙用）
- 使用済み封筒などのリサイクルペーパー（ペーパーライナー用）
- 固形の糸ワックス（なくても可）
- 安全ピン（なくても可）

サイズの変更

上記寸法は子供用ベッドカバーのサイズです。シングル、ダブル、キングサイズでつくる場合、各布地の分量をそれぞれ均等な割合で増やしてください。

裁　断

花びら6枚のフラワーパターン（以下「ロゼット」と呼ぶ）25個と、花びら4枚のフラワーパターン（以下「ハーフロゼット」）6個をつくるために必要な六角形ピースを切り抜きます。下記は子供用ベッドカバーに必要なピース数です。

花柄ピース：
- 計205枚　（目安：8種類のプリント布から各26枚ずつ切り抜くと全部で208枚）

白地ピース：
- 計168枚

裏布：
- キルト芯と同寸法（95×137cm）に裁っておく

ペーパーライナーと布ピースをカットする

薄いボール紙に大・小2つの型紙を写し、輪郭を切り抜きましょう。リサイクルペーパーに型紙（小）を当てて先の尖った鉛筆で輪郭をなぞり、全部で373枚のペーパーライナーをつくります。布ピースは、型紙（大）を布地の裏面に当てて輪郭をなぞります。または、ペーパーライナーを布地にのせてまち針でとめ、周囲に1cmプラスしてカットします。ペーパーライナーをくるむ大きさがあれば、布ピースの寸法は正確に同じでなくても構いません。ただ、型紙を使って切り抜いた方が六角形の端どうしを揃えて裁断できるので、布地を無駄なく使えるでしょう。

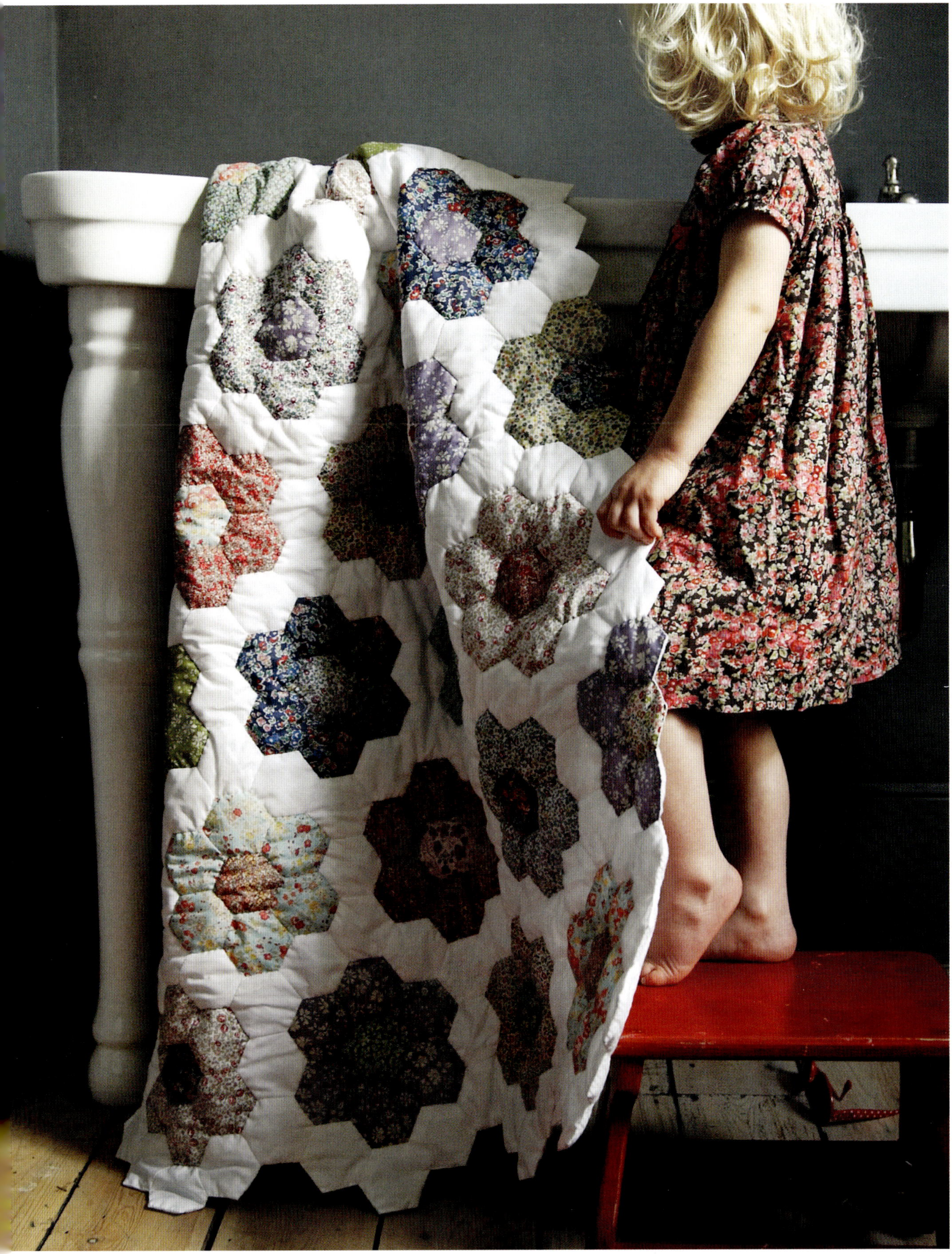

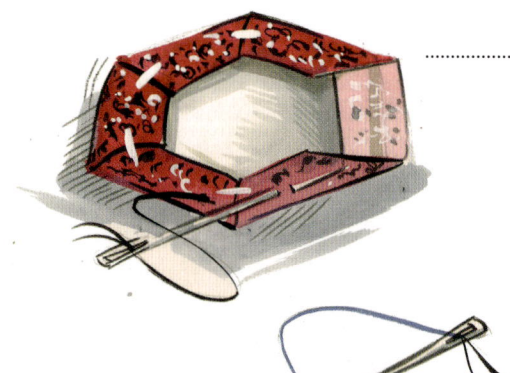

六角形のピースをつくる　プリント布の裏面中央にペーパーライナーをのせます。一辺ずつくるむように布地を折りたたみ、角ごとにしつけ糸でとめていきます。ペーパーライナーと布地の両方に針を刺し、角をきっちり120度に折り曲げて縫いとめましょう。最初のロゼット用に、まず同じ布地の花びらピース6枚と差し色の花心ピース1枚をつくり、残りのピースは随時つくっていきます。

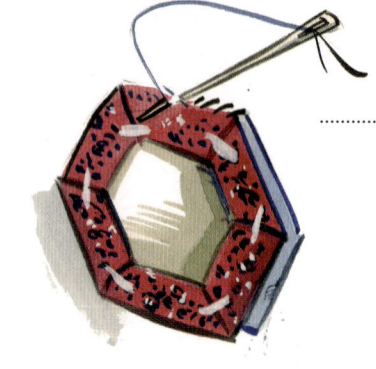

花心に最初の花びらをつなげる　6枚の花びらピースのうち最初の1枚（以下「花びら1」と呼ぶ）を、差し色の花心ピースに中表で合わせます。細く短い針に布地と同色の縫い糸（花柄が白地ベースなら白の縫い糸）を通して玉どめします。布の折り代の角に針を刺し、花びら1の上端右の角に出します。ピース2枚の布の上端を細かく均一な針目の巻きかがりでつなぎ合わせます。折り山のきわに針をくぐらせてひと針ずつ糸を引き、縫い終わりはしっかりと返し縫いをしておきましょう。

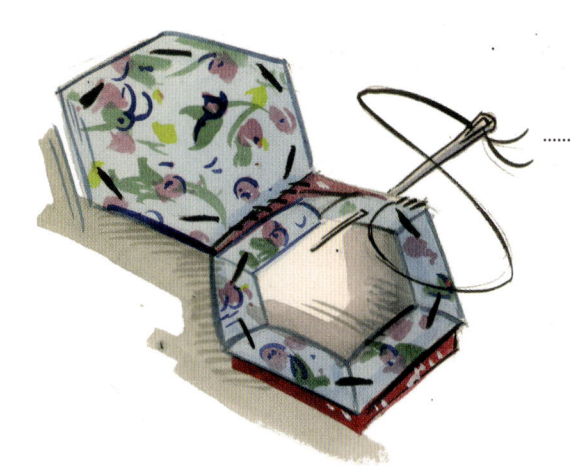

花心に2枚目の花びらをつなげる　縫い合わせたピース2枚を広げます。次に2枚目の花びら（以下「花びら2」）を花心に重ね、隣りの辺にかがりつけます。

花びら1と2を縫い合わせる　花心を半分に折り、花びら1と2が中表で重なるようにします。3枚のピースの接点に針を刺し、花びら1と2をつなぎ合わせます。

● 上記キルトのでき上がり寸法83×126.5cmは子供用ベッドカバーのサイズです。大人用のシングル、ダブル、キングサイズでつくる場合は、必要な布地をそれぞれ均等な割合で増やしましょう。

130　ラグジュアリーな愛用品

残りの花びらをつなげる　残りの花びら4枚も同じ要領で縫い合わせ、最初のロゼットを完成させます。写真と同寸法のキルトをつくるには、全部でロゼット25個、(花びら4枚の)ハーフロゼット6個が必要です。

白地ピースをつくる　すべてのロゼットができ上がったら、白地ピースを168枚つくって脇に並べます。

レイアウトを決める　ロゼットをよこ7列に配置しましょう。最初の列にロゼット4個、2列目に3個、と交互に並べて最後の列には4個を配置します。ハーフロゼットは3個の列の両端にそれぞれ置きます。色と柄のバランスが取れたら、裏面に番号をふって並べ方を間違えないようにしておきましょう。次にロゼットまわりに白地ピースを並べてみます(レイアウトが決まったら、写真を撮っておくと良いでしょう)。

ロゼットに白地ピースを縫いつける　キルト上端の最初のロゼットまわりに白地ピース12枚を縫いつけます。

ロゼットを縫い合わせる　次に白地ピース9枚を縫いつけたロゼットを、最初のロゼットにつなげます。よこのラインと斜めのライン(右絵のように、角のロゼットから斜めのラインでつなげていく)どちらにもつなげることが可能ですが、まずはキルトの上端から順番に縫い合わせていきましょう。最初の列が終わったら、残りを1列ずつ仕上げていきます。時間のかかる作業ですが、そもそもパッチワークとはくつろいでする手作業なのでのんびりと進めましょう。

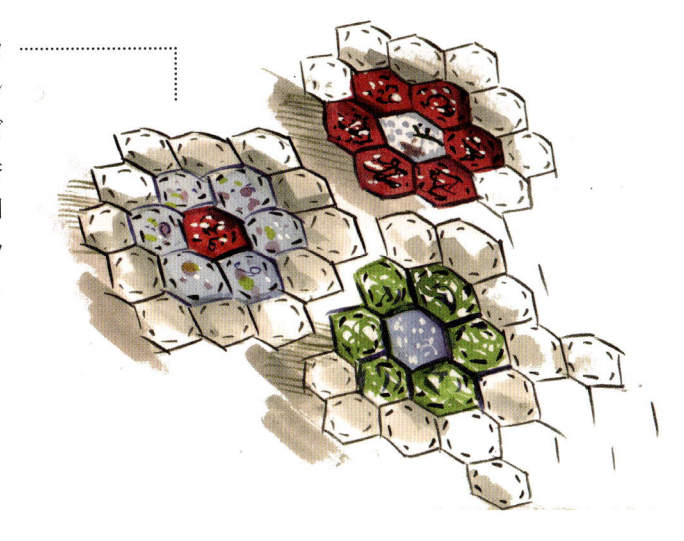

● この作品では2種類の縫い針を使います。
布ピースをペーパーライナーにしつける針
(中程度の長さの"シャープス")と、ピーシング&キルティング用の
短く細い針(英国規格10号-11号)を用意しましょう。

おばあちゃんの花園キルト　131

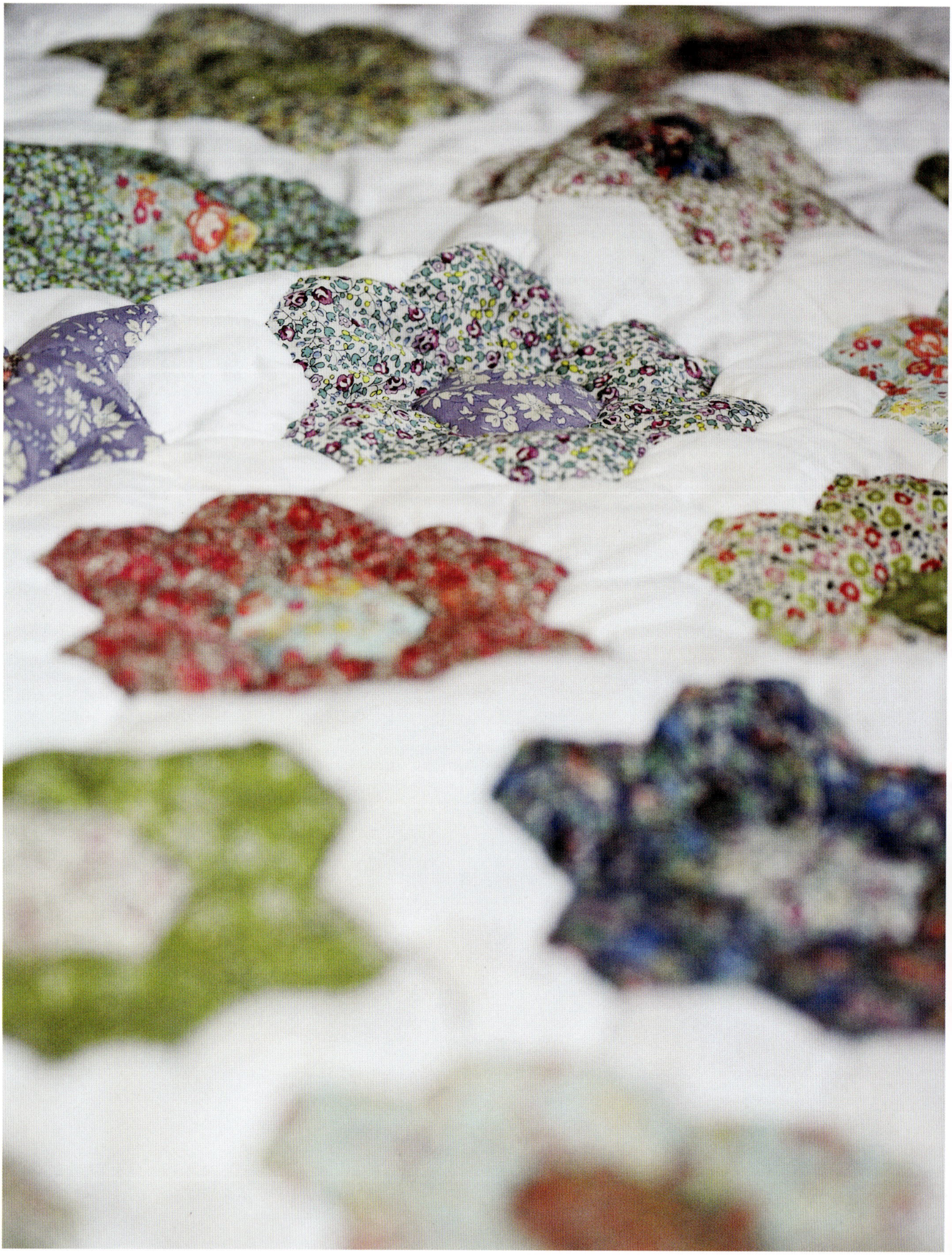

布地を重ね合わせる　パッチワークを完成させるその日が来たら、しつけ糸をほどいて373枚のペーパーライナーすべてをピースから外しましょう。次に、布地を3枚の層に重ね合わせます。まず裏布用のコットンの表面を下にして広げ、その上に同寸法に裁ったキルト芯をのせます。表布（キルトトップ）の表面を上にしてキルト芯の中央に置きます。3層を縫い合わせる前にまずは仮どめをしましょう。キルト全面に15cm四方のしつけをかけるか、もっと手早くするには小さな安全ピンを使い、一定間隔で3層を仮どめします。

キルト芯をカットする　上記いずれのやり方にしても、最後はキルトの周囲をしつけまたは安全ピンで仮どめしましょう。キルト芯をキルトトップの形に沿うように、六角形の折り山に合わせてきっちりとカットしていきます。

端を縫い合わせる　キルトトップのジグザグに縫い代1cm分をプラスして裏布の余分な端を切り取っていきます。右絵のように「逆V字形」の位置で裏布の縫い代に小さな切り込みを入れ、内側に折り込みます。裏布とキルトトップをきっちりと合わせてしつけ糸でとめます。端どうしを合わせ、外まわりはすべて巻きかがりで縫いとじましょう。

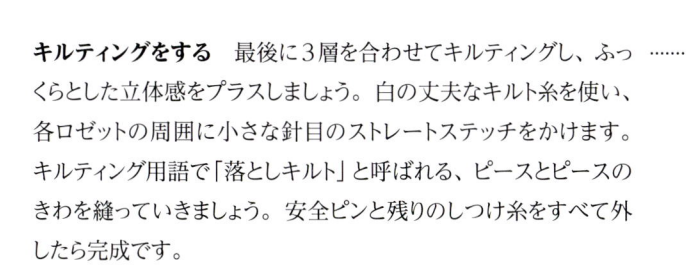

キルティングをする　最後に3層を合わせてキルティングし、ふっくらとした立体感をプラスしましょう。白の丈夫なキルト糸を使い、各ロゼットの周囲に小さな針目のストレートステッチをかけます。キルティング用語で「落としキルト」と呼ばれる、ピースとピースのきわを縫っていきましょう。安全ピンと残りのしつけ糸をすべて外したら完成です。

● ビクトリア朝時代の作法にならい、
　キルト糸を甘い香りの糸ワックスに通してみましょう。
　ピースに通す際の糸の滑りが良くなり、ほつれを防ぐこともできます。

おばあちゃんの花園キルト

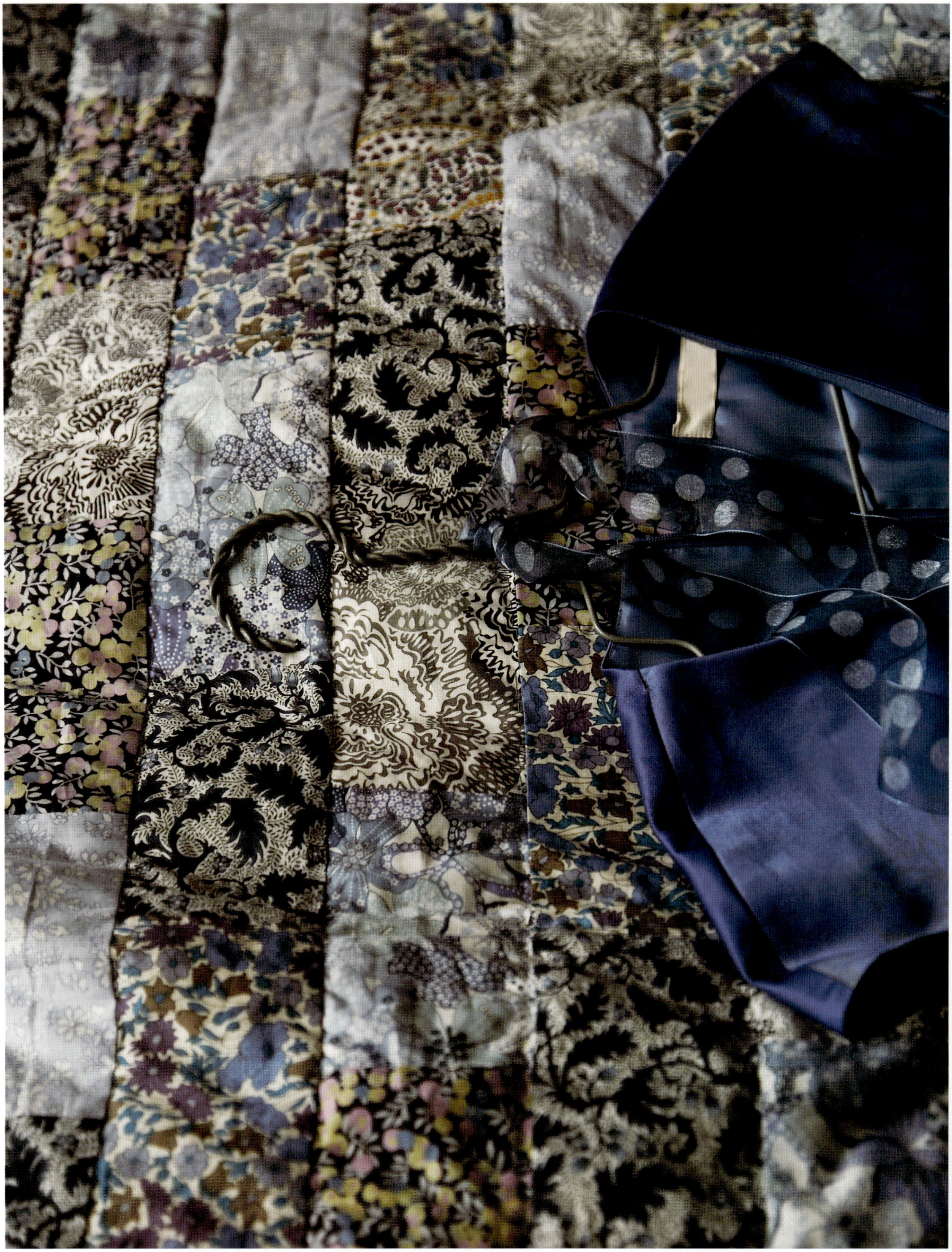

レンガ模様のモダンなキルト

ブルー、ブラウン、グレーのカラーパレットから厳選した
7種類のタナローンで、贅沢なキルトを仕立てました。
はぎ合わせた四角いピースのプリントが互いに馴染み、
色調が溶け合う絵画のような世界を繰り広げています。
柄の大きさや色合いに変化を持たせた大胆なプリントを選べば、
よりインパクトのある仕上がりに。
ミシンを使ったパッチワークは手早くでき、
しかもレンガ模様の配置でめんどうな縫い目合わせも不要です。

でき上がり寸法

標準的なシングルベッドサイズ　幅168cm　長さ220cm
(「サイズの変更」を参照)

ピースの大きさ

各ピースの裁断寸法は10×18cm、でき上がり寸法は
8.8×16.8cm

材料

- キルトトップ　タナローン"Capel (カペル)"、"Carolyn Jane (キャロリン・ジェーン)"、"Christhl (クリッスル)"、"Dorothy Watton (ドロシー・ワットン)"、"Mauvey (モービー)"、"Poppy & Daisy (ポピー&デイジー)"、"Wiltshire (ウィルトシャー)"、(色調を揃えた薄手コットンの小柄プリント7種)　136cm幅で長さ60cmずつ
- 裏布　薄手無地コットン　112cm幅で長さ4.2m
- 縁布　裏布とは別色の薄手無地コットン　112cm幅で長さ80cm
- 薄手コットンまたは竹布のキルト芯　180×232cm
- 布地に合わせた縫い糸
- グレートーンのキルト糸
- ロータリーカッター、カッティングマット、キルターズルーラー
- 安全ピン(市販の安全ピンでも良いが、少し角度のついたキルトしつけ用安全ピンが使いやすい)

サイズの変更

左記の寸法は標準的なシングルサイズのベッドカバーです。幅を足す場合はよこ列のピース数を増やし、長さを足す場合は列の数を増やしましょう。その他は、シングルサイズと同じつくり方です。たとえばダブルサイズなら、よこ列のピース数を12枚と1/2に増やしてキルト幅を210cmにします。キルトの長さは、シングルサイズと同じ25列分です。ダブルサイズの布の必要量は以下のとおりです。タナローンのプリント布7種：各70cm、裏布：5.1m、縁布：90cm、キルト芯：222×232cm

裁　断

キルトトップ用7種の各プリント：

- 布地の耳から耳へ10cm幅で6本カットする。このうち5本からは長さ18cmのピースを7枚ずつ、残り1本からは4枚裁ち、全部で39枚のブリックピースを裁断する(各プリント布とも共通)。耳から耳へ裁った端は、レンガ状のピースの端に使うので、すべてそのままにしておく。

裏布：

- キルト芯と同寸法になるよう裁断しておく

縁布：

- ロータリーカッターとカッティングマットを使い、耳から耳へ9cm幅で8本裁つ

レイアウトを決める　ピースの配置はランダムに行いますが、同じ柄を隣り合わせに並べるのは避けましょう。よこ列ごとに色と柄のバランスを確かめながらレイアウトしていきます。まず、ピース10枚の端どうしを並べて最初のよこ列をつくります（キルト幅はピース10枚分の幅と同寸法）。次の7列はピース11枚を使い、たての縫い線を上下の列のピースとピースの間に配置しましょう（余った端は後でカットします）。最初に短いピースを置く場合、列の幅がピース10枚分より少なくとも2.5cm長くなるようにします。この繰り返しで、8列ごとにピース10枚、次の7列をピース11枚の列として、たての縫い線の位置をずらしながら全部で25列をレイアウトします。このように、右端が長いピースから始まる列と短いピースから始まる列を交互に配します。レイアウトが終わったら、ピースを縫いつなぐ作業に入りましょう。

最初のよこ列をつくる　まず1列目のピース10枚をつなぎます。最初のピース2枚の短い辺を中表で合わせてまち針でとめ、縫い代6mmでミシン縫いします。同じ要領で残り8枚もつないでいきます。縫い代はすべて左側に倒してアイロンで押さえます。

2列目以降をつくる　2列目から下も同じ要領でつなぎ合わせ、縫い代は左側に倒しておきます。各列をもう一度レイアウトどおりに並べ、たての縫い線をずらしてレンガ模様に見えるように配置してみましょう。各列の長さを同じに揃えるか、または10ピースの列よりも少し長めに揃えてカットします。右端が長いピース（10-18cm）で始まる列と短いピース（5-9cm）で始まる列を交互に配置します。右端から各列をつなぎ合わせるので、できるだけまっすぐになるように端を揃えましょう。

よこ列を縫い合わせる　1列目の下端と2列目の上端を中表で合わせてまち針でとめ、縫い代6mmでミシン縫いしましょう。短い縫い代はすべて左側に倒してあるので、右端から縫い始めると縫い代がミシンの押さえにひっかかりません。長い縫い代は下に倒しておきます。残りのよこ列も同じ要領で縫い合わせます。

136　ラグジュアリーな愛用品

四角く裁断する　長い定規を使って四辺に直線を引き、はみ出た部分はすべてカットします。

キルト芯を重ねる　伝統的なキルトでは、3枚の層に長い針目でしつけをかけますが、ここでは手早く安全ピンを使い、キルトトップ・キルト芯・裏布の3層を仮どめしましょう。まずキルト芯を広げて(清潔な!)床の上に平らに置き、しわや折り目があれば伸ばしておきます。その上にキルトトップをのせます。このとき、キルト芯の端がほぼ均等にはみ出るように、キルトトップを中央に配置します。キルトの下端から、長方形のピースひとつずつを安全ピンでキルト芯にとめていきます。キルターズルーラーを使うと、縫い線を平行に保てるので便利です。2枚の層を平らにならしながら安全ピンでとめましょう。

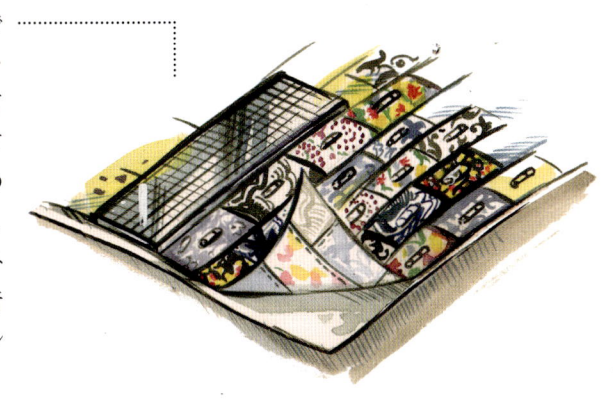

裏布をつける　重ねた2層の裏面を上に向け、その上から裏布をキルト芯の端に合わせるようにのせます。しわが寄らないように確認しながら、裏布を2枚の層に安全ピンでとめます。

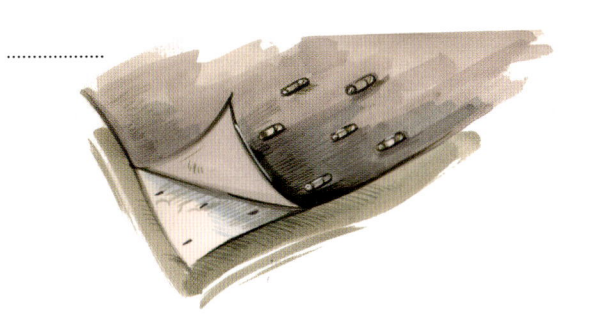

キルティングをする　よこ列の縫い目に沿って3層を縫い合わせましょう。グレートーンの糸で縫い目の脇にステッチをかけるか、「落としキルト」でピース間のきわにステッチしていきます。キルティングはミシン縫いでも手縫いでも良いでしょう。

レンガ模様のモダンなキルト　**137**

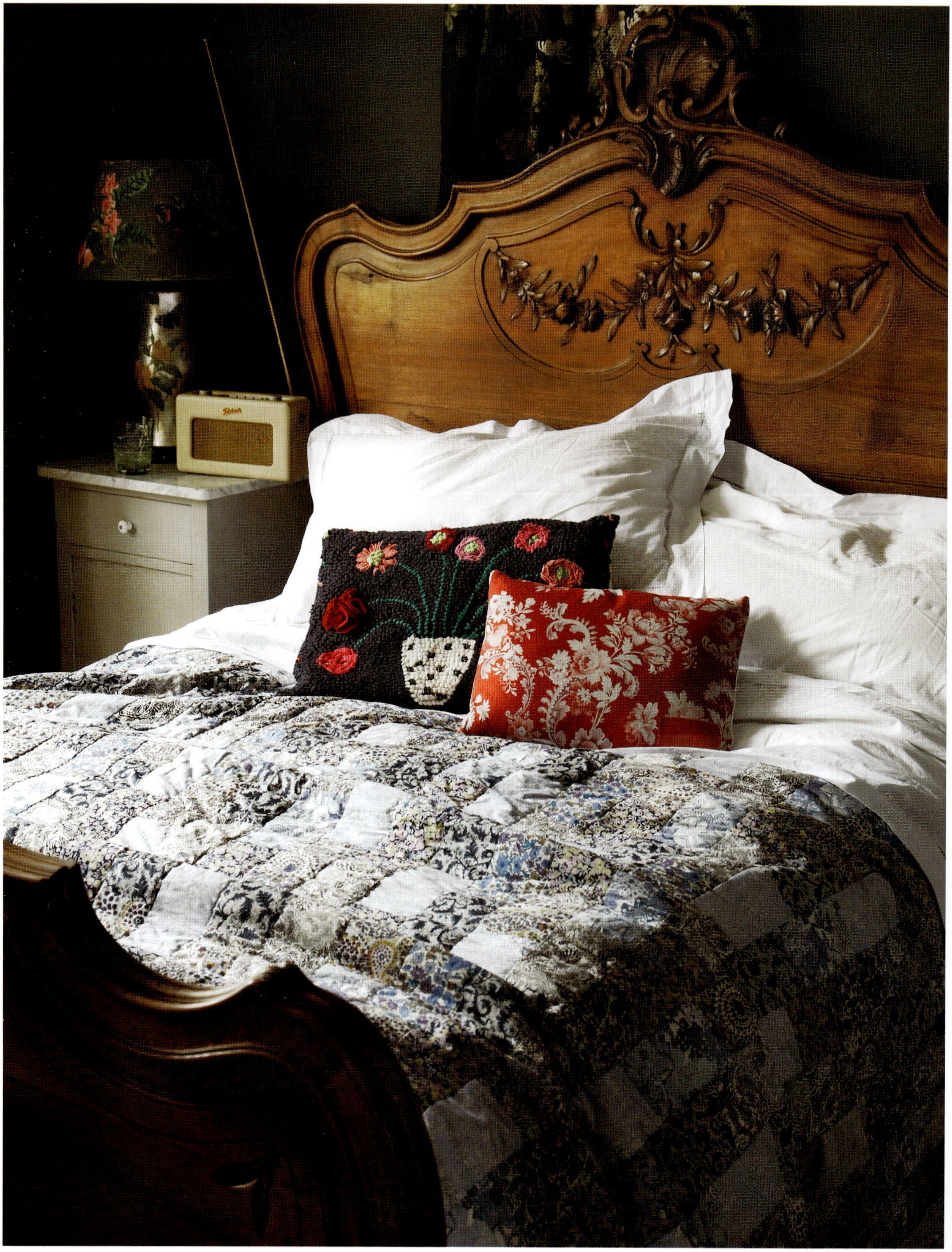

縁取りをする　キルティングが仕上がったら、3層合わせて周囲にぐるりとしつけをかけます。次にキルトトップの寸法に合わせてキルト芯と裏布をカットしましょう。縁布8本を縫い代6mmでつなぎ合わせ、縫い代は割っておきます。この縁布をキルトの長い辺に合わせて2本裁ち、外表でたてに二つ折りします。1本をキルト表面の長い辺に裁ち端を合わせてまち針でとめ、縫い代1.5cmでミシン縫いします。もう1本も同じ要領で反対側に縫いつけます。

縁取りを仕上げる　両方の縁布をキルト裏側に返し、折り山をまつり縫いでとめます。次にキルト上下の短い辺に5cmプラスした長さで縁布2本をカットします。両脇と同じ要領で、ただし両端を2.5cm余らせるように2本の縁布をキルトの上端と下端に縫いつけます。どちらも裏側に返し、キルト両脇の縁布にかぶせるように折り曲げます。角と折り代をまつり縫いでとめたらできあがりです。

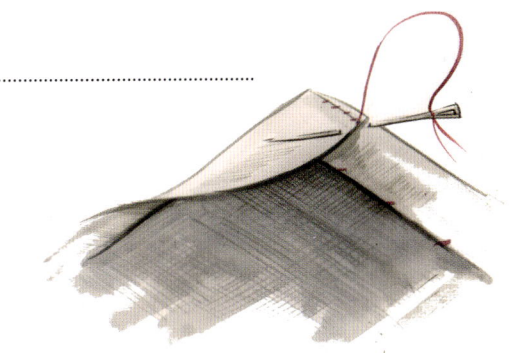

- 木綿のフラットシーツはキルトの裏布に最適です。
  スーパーキングサイズの280cmまで様々なサイズで展開されているので、パッチワークの仕上がりがどんな大きさでも、布をつなぎ合わせる必要がないでしょう。

レンガ模様のモダンなキルト

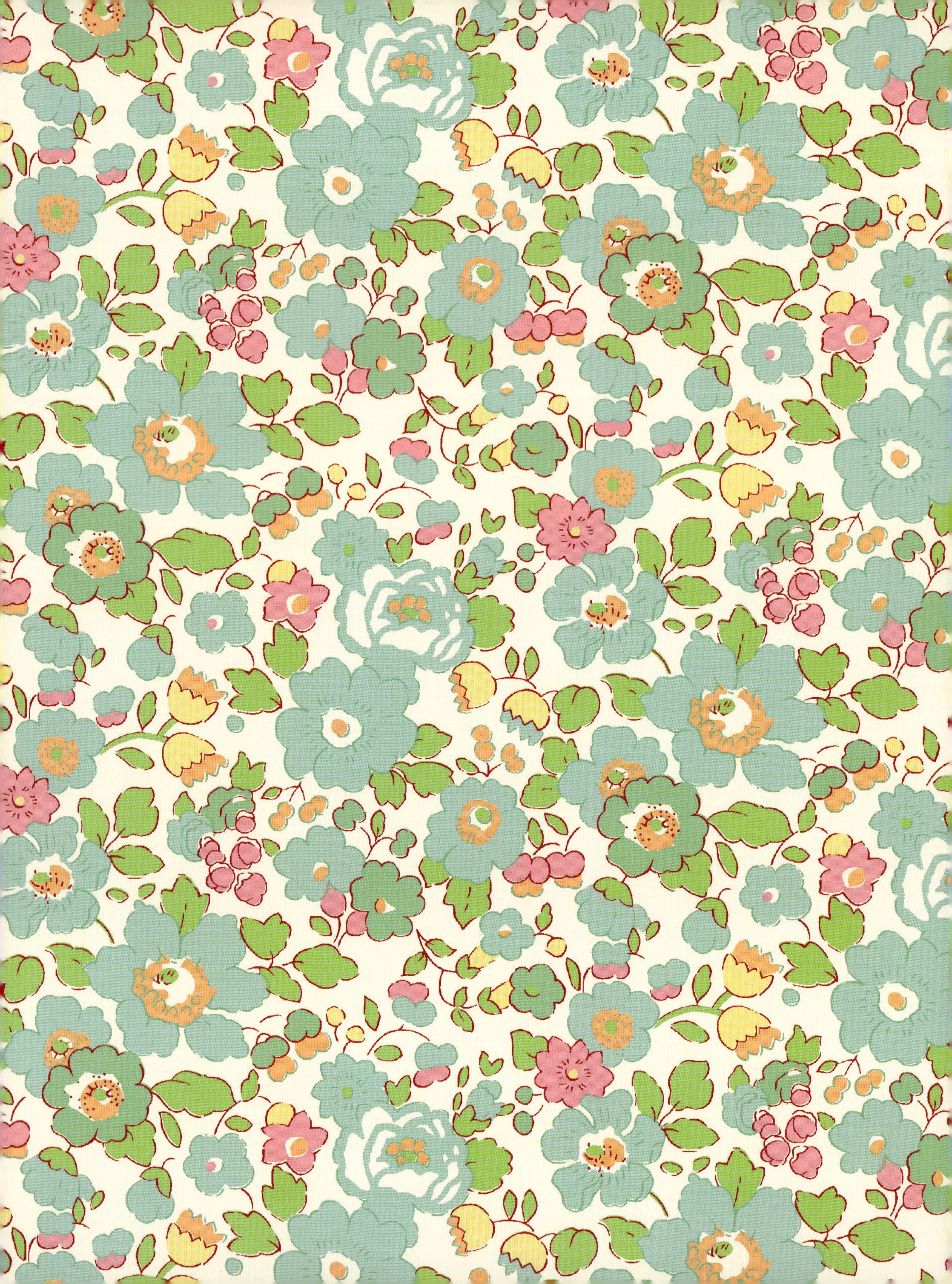

ソーイングの基礎知識

基本の道具

手芸用品店やオンラインのクラフトショップには、
ありとあらゆる便利な道具がずらりと並んでいます。
でも実際に必要なお裁縫用具を揃えるとなると、
本書でご紹介した作品づくりで使うのはごく基本的な数種類のアイテムをだけ。
数ある商品の中でも品質の高い道具はもちが良く、仕上がりも格段に違います。
じっくり吟味して投資してみても良いでしょう。

はさみ

大きさと用途の異なる3種類のはさみが必要です。

- **布切はさみ（大）** 刃の長い布切はさみは正確な裁断に欠かせない道具。持ち手部分に角度がついているため、裁断の際に下刃がテーブル面に対して水平になります。必要に応じて刃を研ぐことのできる高級ステンレス鋼のはさみで、手にしっくり馴染むソフトな持ち手のものを選びます。布切はさみで紙を切ると、切れ味が悪くなるので避けましょう。
- **家庭用はさみ（中）** 小さな作品をつくる際のカッティングや製図・型紙の裁断全般に使います。
- **糸切はさみ（小）** 刃先の尖った糸切はさみは、糸を切る、縫い代に切り込みを入れる、角を裁ち落とすなどの用途に使います。

ロータリーカッター

円形の刃がペストリーカッターのような形状の裁断用具。ロータリーカッターは、アクリル製のキルターズルーラー、弾性回復性のあるカッティングマットとともに使用します。いずれもパッチワーク用の道具ですが、指示どおりの寸法で手早く効率的に正方形や長方形の裁断ができます。大判のマットと長さ60cmのルーラーを用いれば、通常の布地裁断もスピーディになるでしょう。ただし、指を切らないように気をつけて。ロータリーカッターの刃先は鋭いので、必ず手元から少し離して使いましょう！

針

様々な手縫いの手法があるように、それぞれの縫い方に適した針があります。初めは太さの異なる針──針の太さは番号が大きいほど細くなります──がアソートされた縫い針セットがおすすめ。使っているうちに、自分の手に合った縫いやすい針がわかってきます。針の収納には、フェルト地のニードルブック（訳注：小さな本型のケースでフェルト地のページ部分に針を刺しておく収納道具）やニードルケースを使いましょう。ピンクッションに縫い針を刺すと、中に埋もれてしまうことがあります。

- **シャープス** 手縫い全般としつけに最適な針。中程度の長さで針穴は糸1本が通る程度の小さいもの。
- **メリケン針／キルティング針** 短めで針先の細いもの。何層にも重ね合わせた布地に通しやすい針です。
- **刺繍針** 撚りのかかった木綿刺繍糸に適した針穴の長いもの。糸を通しやすいので一般的な縫いものにも使われます。

まち針

スチールまたは真鍮製のまち針で、ヘッドの小さな長さ2.5cmのものがおすすめ。どちらも跡が残らないためタナローンの仮どめに適しています。その他、針が長めのガラスまち針は使い勝手も良く、プリント地の上でも目立つので便利です。まち針は小さなマグネットつきの缶や、「孔雀のピンクッション（p.76-81）」のようなお手製のピンクッションに刺して保管しましょう。

安全ピン

シンプルな安全ピンは、紐通し口にリボンや紐を通すときなど、様々な場面で活躍する便利なアイテム。キルトを重ね合わせる工程では、従来のしつけではなくキルトしつけ用安全ピンを使うと効率的です。昔のおむつピンのようにカーブした形状で、重ねた布地をすくう作業も楽にできます。

採寸用具

十分な長さのあるテープメジャーは必携です。しかも伸縮式ならコンパクトに収納できて便利でしょう。その他、縫い代幅や折り返し幅を測る目盛りつきの専用ソーイングゲージもありますが、シンプルな長さ15cmの定規でも十分役立ちます。

印つけ用具

画期的な進化が見られる洋裁用のフェルトペン。感光性の顔料を使った自然に消えるチャコペンは、縫い代線を引くときや刺繍の下描きなどに便利です。チャコは濃色や厚手素材の印つけに、先の尖ったHB鉛筆は薄手素材に軽く線を引く際に使います。跡を残さずに印つけをするには、伝統的なウェールズキルトの手法を真似てみましょう。針先を定規に沿って滑らせながら軽く印をつけ、その線に沿ってステッチをかけます。

アイロン

アイロンは布地を裁断する前や、作業途中で縫い代を押さえる際に必要です。スチームアイロンと大判のアイロン台はいつも脇に置いておきましょう。強いしわを伸ばすには霧吹きスプレー、小さなパーツを切り抜くときは布用スプレーのりが便利です。

その他の道具

- **シンブル（指ぬき）** キルティングや大判の布を手縫いする際、指の保護に使います（各指に必要な場合もあり）。最初は不便で扱いづらいと感じるかもしれませんが、徐々に慣れてくるでしょう。アンティークのシルバー製は趣があって良いですが、スチール製の方が実用的。さらに最近では、指先にぴったりフィットするソフトなシリコン製がおすすめです。
- **固形の糸ワックス** パッチワークの際に便利です。ワックスに糸を通すと表面がコーティングされて針目の滑りが良くなり、ほつれにくくなります。
- **リントローラー（ゴミ取りローラー）** コロコロ転がして糸くずや小さな端布を取り、作品や作業スペースをきれいに保ちます。

基本の道具

手芸用品

基本的な道具の他にも、縫い糸、紐、ボタン、サテンリボン、
スパンコールなど、針仕事の仕上げや飾りに用いる手芸用品は多種多様。
ソーイングの上級者はこうした雑貨類をコレクターのように集め、
次なる作品に向けてストックしています。
豊富なラインナップから材料を選んでいるとアイディアも広がりそうです。

縫い糸

裁縫箱にはつねに白、黒、ベーシックカラー 2-3色の綿ポリエステル糸を十分にストックしておきましょう。特定の作品用に糸を購入するときは、布地にできるだけ近い色を選びます。同色の糸がない場合、あるいは多色使いのプリントの場合は、布地よりもわずかに暗めを選びましょう。また、糸をセレクトする際は繊維どうしの相性も考えます。リバティタナローンにはマーセル加工した細番手の綿糸、キャンバス地や軽い伸縮素材のニードルコードには綿ポリエステル糸が最適です。太めの丈夫なキルト糸は色展開も豊富で、もちろんハンドキルティングに適しています。

ボタン&ビーズ

衣類の留め具としてだけでなく、いろいろなシーンでボタンは活躍します。ひとつボタンは視線を引く格好のデザインポイント。一点もののボタンを見つけたら即購入しておきましょう。お友達や家族がため込んだボタン箱もくまなく宝探してみては？　本書の「丸いギャザークッション(p.88-91)」では、コート用の光沢感ある貝ボタンを中心にあしらいました。「フリルのエプロンと鍋つかみ(p.106-11)」では、ヴィンテージプラスチックボタンの黒と白がアクセントを添えています。さらに「紐結びのジュエリーロール(p.64-7)」では、アテネの店で見つけた数珠玉のガラスビーズを結び紐に通し、光沢と彩りをプラスしました。

共布のくるみボタンを使うとクッションやベンチシートも洗練された印象になります。直径8mmから50mmまで様々なサイズに対応したキットも販売されています。つくり方は簡単で、布地を円形にカットし、シェル中央に収めてバックパーツと打ち具のパーツを押し込むだけ。リバティタナローンの繊細な模様はくるみボタンに最適です。気になるモチーフを見つけたら、お手製のボタンづくりを楽しんでみましょう。

スナップ

ホックとも呼ばれるこの小さな留め具は、19世紀に発明された工業技術の偉業とも言えます。その実用性から、多くのデザイナーがウエスタンシャツや子供服に好んで使用しています。スナップ使いによって「シェフのロングエプロン (p.30-5)」では取り外し可能なハンドクロス、「キャンバス地のトートバッグ (p.52-7)では角をたたんでコンパクトにできる2-wayバッグが誕生しました。

ファスナー

まわりをパイピングで縁取りし、ファスナーで開閉するのが昔ながらのソファークッション。本書の「クッションカバー 4種(p.14-9)」や「箱型のベンチクッション(p.102-5)」では、もう少しソフトでカジュアルな見た目にこだわりました。ただしファスナーをつければお洗濯時のカバーの着脱も簡単に。ベンチクッションの長い側面なら、縫いつけも楽にできるでしょう。

ファスナーの色や素材も豊富です。たとえば金属製はナイロン製より重くて丈夫。もしぴったりの長さが見つからなければ、ワンサイズ長めを選び、寸法に合わせて端をカットしましょう。「革の引き手のコスメポーチ(p.40-3)」では、ファスナー引き手を革製にアレンジして装飾性をプラスしました。

アイロン接着芯

感熱型の接着芯はまさに20世紀の発明品。アイロンの熱でのりが溶け、2枚の布地が接着するしくみです。接着力によってハードタイプとソフトタイプの2種類があり、厚手の素材にはハードタイプを、リバティタナローンのように薄手の素材にはソフトタイプを選びましょう。本書「バラモチーフの掛け布(p.122-7)」では、華やかなローズプリントのアップリケに、「花柄のコサージュ(p.92-5)」では、2枚の布を貼り合わせたダブルフェイスの花びらに使用しています。

始める前に

型紙をつくる

本書に掲載した作品の多くは、「丸いギャザークッション (p.88-91)」や「紐結びのジュエリーロール (p.64-7)」など、シンプルな正方形や長方形の布地からできています。これらの作品にはそれぞれのつくり方ページに寸法を記載しました。この寸法をもとにして、洋裁用の製図用紙（罫線がプリントされた大判の方眼紙）にたてよこの印をつけ、罫線に沿ってカットすれば型紙のでき上がりです。

もう少し込み入った作品には——たとえば「フリルのエプロンと鍋つかみ (p.106-11)」や「キモノ風ルームウエア (p.112-7)」など——曲線の型紙が必要になります。これらの作品には縮小版の方眼製図と、方眼の1目盛りに対応する寸法を明記しました。この縮尺をもとに、実際の製図用紙に1マスごと輪郭線を写していけば実物大の型紙ができます。「花柄のコサージュ (p.92)」の花びらや「孔雀のピンクッション (p.78)」などの小さな製図は実物大を50%縮小したものです。実際の型紙をつくる際は200%拡大でコピーを取ってください。

大きさと形を自由にアレンジするタイプの作品については、それぞれ窓やベンチ、クッション、ピンナップボードの寸法によって調整が必要です。用尺の測り方と比率については作品ごとに説明を入れました。布地を裁断する前には、もう一度型紙の寸法が適切かどうかを必ず確認しましょう。

布地の準備をする

布地をよく観察すると、糸は垂直2方向に交差していることがわかります。織機にあらかじめ張られた、上下方向に走る長い糸をたて糸と呼びます。一方、たて糸の間に織られた、左右方向に走る糸はよこ糸です。また、織物の幅の両端は耳と呼びます。耳の部分は織り目が密になりがちなので、通常は布地から裁ち落とします。

型紙の両端は必ず耳と平行に置き、布地のたて方向に沿うように配置しましょう。地の目に沿って裁断しないと布地が伸びてゆがみやすくなってしまいます。

対角線の角を持って布を引っ張ると、平織り布がどれほど「伸びる」かがわかるでしょう。このように斜めに裁断した布を「バイアス布」と呼びます。バイアス布は伸びが大きくしなやかな落ち感があるため、1930年代にはイヴニングウエアのデザイナーに広く活用されました。ストレッチ性のあるバイアス布は、ループをつくる際や「キモノ風ルームウエア」などカーブの縁取りに使用します。

リバティタナローンの多くは、小柄模様を布地全面に配した総柄プリントです。このため型紙の配置はさほど重要ではありませんが、大柄なデザインの場合には模様がバランス良く対称になるような工夫が必要です。とくにリバティのシルクスカーフから着想を得た「基本のクッションカバー」のペイズリー柄などでは、布地を余分に用意しておきましょう。大ぶりのモチーフは中央に配置し、たて長またはよこ長に布を裁つ場合は、気に入った模様の部分を選んで裁断します。

裁断する

型紙をのせる前に、まずは布地にアイロンをかけて折り目やしわを伸ばしておきましょう。次に大きなテーブルまたは床の上に布地を平らに広げます。布目に沿うように型紙をのせ、まち針でとめます。布切はさみの下刃（角度のついた方の刃）を浮かさないようにして型紙の外枠を切り取ります。このとき、刃は小刻みに動かさずに大きく使うのがポイント。小さな長方形の裁断などには、ロータリーカッターと透明な方眼定規を使っても良いでしょう。パッチワーク用ピースをたくさんつくるときなどに便利で、折り曲げてアイロンをかけた布地数枚を一度にカットすることができます。

ミシンについて

お裁縫の経験が十分あり、長年使い慣れたミシンを持つソーイング上級者ならともかく、初心者はあまりにも幅広いミシンの品揃えに戸惑ってしまうかもしれません。現在ではプラスチック製のシンプルな初心者用から、パソコンに接続して複雑な刺繍もできるハイエンドの高機能電子ミシンまで、様々なラインが展開されています。新たに購入する際は、しかるべき販売店または百貨店に足を運びましょう。いろいろな機種で試し縫いをしたり、知識の豊富な販売員に話を聞くなどのリサーチが必要です。ただし、購買意欲をかきたてられて予算以上の商品に目移りしてしまわないように。説明書をきちんと読むことで各機種の必要な情報が得られ、困ったときの対処法も把握できます。

厚手の生地を縫う、ジグザグ縫いで端の始末をする、一定の調子で直線縫いができる、などの基本的な操作ができる丈夫なミシンがあれば、本書に掲載した作品すべてに対応できます。大半のミシンには複数の押さえ金（中には複雑なものもあり）が付属でついてきます。通常は透明タイプの押さえを使い、ファスナーを縫う際は幅の狭いファスナー押さえを使いましょう。

布地の厚さに応じて押さえ圧を自動調節してくれるミシンもありますが、この機能がない場合は手動で切り替えます。薄手の布地は厚手よりも押さえ圧を低くする必要があるため、忘れずに調節しましょう。その他のポイントは、針を十分に買っておくこと、そして素材に合った号数の針を使うこと。ローン地には細針、デニム程度の厚みのキャンバス地には太針を使います。先が丸くなったり曲がったりした針では縫い目が不規則になります。針の交換は定期的に。日常のお手入れとしては、ボビンケースのほこりをブラシで取り、説明書にしたがって随時注油をしておくと良いでしょう。

端の始末

布端の始末には2種類の方法があります。
ひとつは裁ち端を裏面に折り、折り代を縫いつける方法、もうひとつは細長い布片で縁取りする方法です。1枚布の端の始末ができれば、「ローマンシェード」や「シンプル仕立てのカーテン」など窓辺を飾るアイテムも簡単に手づくりできるでしょう。どちらもごく初歩的なソーイングで、存在感あふれる作品に仕上がります。

二つ折り

布端をロックミシンまたはジグザグミシンで始末します。布の表面を下にして置き、ステッチをかけた端を指定の折り返し幅だけ裏面に折って高温のアイロンで押さえます。折り返し幅が一定になるように定規を使って確認します。折り代をまち針でとめ、ジグザグステッチのすぐ下をミシン縫いします。縫い目を目立たなくしたい場合は手でまつりましょう(p.153参照)。

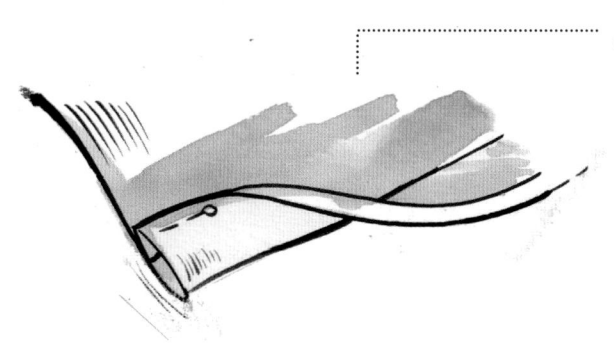

三つ折り

布端を二度折ってより丈夫に仕上げる方法です。通常はまず細く折り、次に最初よりも幅広に折り込んで三つ折りにします。最初の折り代でアイロンをかけ、次に折り返し幅を定規で測りながら、裁ち端をくるむように折り込んでアイロンで押さえましょう。まち針を打ち、折り山を手縫いまたはミシン縫いで仕上げます。

額縁仕立て

同じ幅の折り代が直角に交わるところでは、余分な布をカットして折り紙のようにたたむと角がかさばらず、すっきり仕上げられます。まずは二辺の折り目を広げ、角を三角に切り落とします。もう一度折り目に沿ってたたみ直します。斜めの部分はコの字とじで始末し、二辺の折り山を縫ったら完成です。

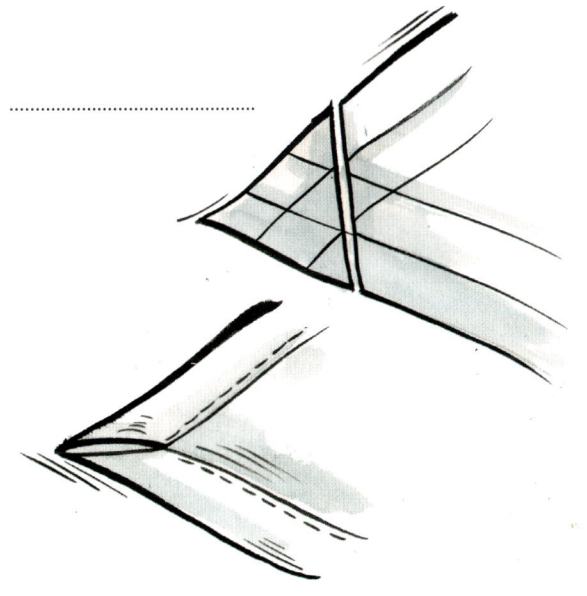

縁取り

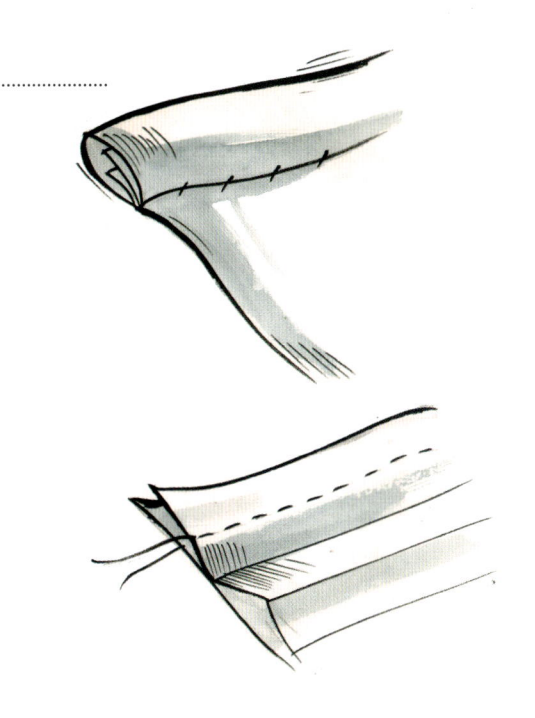

布端を直線的にきっちり始末するには、市販のバイアステープ、または布目のたて方向に縁取り幅の4倍幅でカットした布片を使って縁布にします。縁布をたて半分に折り、両側の裁ち端をこの中心線に向かって折り込んだらいったん広げます。本体布に中表で合わせて布端に沿ってまち針でとめ、いちばん上の折り線をミシン縫いします。いちばん下の折り線をもう一度折り、縁布を本体裏面に返します。折り山はまつり縫いするか、縁布のきわにミシンをかけます。「紐結びのジュエリーロール」のパイピングはこの方法で縁をくるんでいます。「革の引き手のコスメポーチ」内側の縫い代のようにカーブを縁取るには、バイアスに裁った布片かバイアステープを使いましょう。

端の始末　149

ミシン縫いの基礎

2枚の布地を縫い合わせる前には、まち針かしつけ糸で、
またはその両方で仮どめをします。
まずは布地を中表に合わせ、すべての角で布2枚ともにまち針を通し、
次に周囲をまち針でとめます。針の向きは、
布地がミシン押さえの下を通るときに抜きやすいよう縫い線に対して垂直でも良いし、
あるいは平行に打っても構いません。しつけ（大きな針目の並縫い）は
ミシン縫いの際に布地を固定する押さえの役割をします。
目だつ色の糸で縫い線のすぐ内側にしつけをかけ、本縫いが終わったらほどきましょう。

縫い代（縫い目の裏側になる布端部分）幅は、それぞれのつくり方ページに明記しています。
大抵の場合1cmまたは1.5cm幅ですが、パッチワークでは縫い代6mmの場合もあります。
縫い代幅を一定に保つには、裁ち端をミシンの針板に刻まれた目盛り線に
つねに沿わせながら縫い進めていきましょう。
縫い終えたらその都度アイロンで縫い代を押さえ、きっちりと仕上げます。

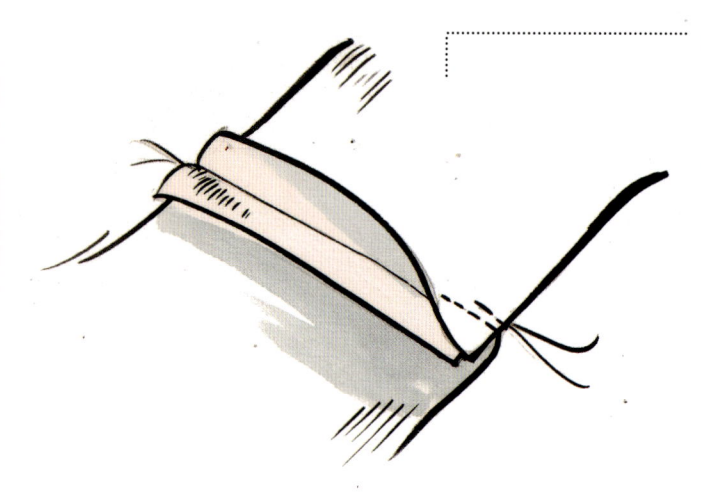

直線縫い

布端を合わせ、一定の縫い代に沿ってまっすぐに縫います。縫い始めと縫い終わりはほどけないよう数針返し縫いをします。あらかじめミシンの説明書で返し縫いレバーの場所を確認しておきましょう。縫い代は割るか、指定された方向に倒してアイロンで押さえます。

飾りミシン（トップステッチトシーム）

縫い目を補強し、なおかつ仕上がりをきれいに見せます。縫い代を片側に倒してアイロンで押さえ、表面からステッチをかけます。ミシン押さえ内側のスペースをガイドラインにして、重ねた3枚の層を縫い目から3mmで縫います。

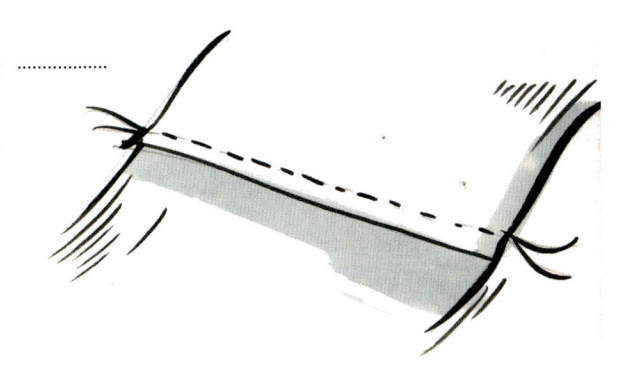

角縫い

縫い代に沿って曲がり角のきわまで縫います。針を刺したままミシン押さえを上げて布を直角に回し、もう一辺を直線縫いします。角の余分な布を三角形に切り落とします。表に返し、糸切はさみの先や鉛筆などで角を出して仕上げます。

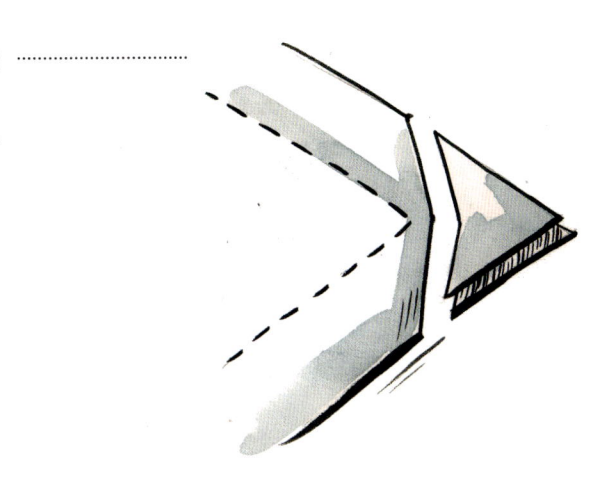

曲線縫い

縫い代を6mmにカットしてもたつきをなくします。外側のカーブには縫い目から3mmあけて数箇所を小さな三角形に切り落とし、内側のカーブには縫い代に小さな切り込みを数箇所入れます。この始末をしておくと、表に返してアイロンをかけたときに縫い代がすっきりと平らに仕上がります。

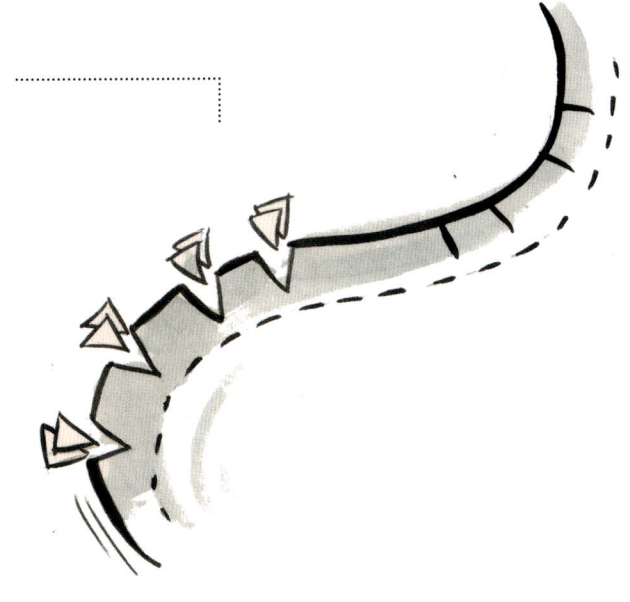

ミシン縫いの基礎

手縫いの基礎

どんな針仕事も、きちんとした準備と手仕上げをすることで
でき上がりの完成度が違ってきます。ここでは、ぐし縫い、しつけ、縫い終わり、
折り代の始末に必要な基本の縫い方6種類について説明しましょう。

並縫い

すべての手縫いの基礎となる縫い方。あまりにも基本的なので説明の必要はないかもしれませんが、ギャザーを寄せるぐし縫いやキルティングの際に使います。表も裏も同じ大きさの針目（布地の厚さによって5-8mm）で等間隔に縫いましょう。練習するうちに、また長い針を使うことで2-3針を一度に縫い進められるようになります。しつけ縫いには大きな針目の並縫いをするか、または洋裁用の以下の縫い方をします。

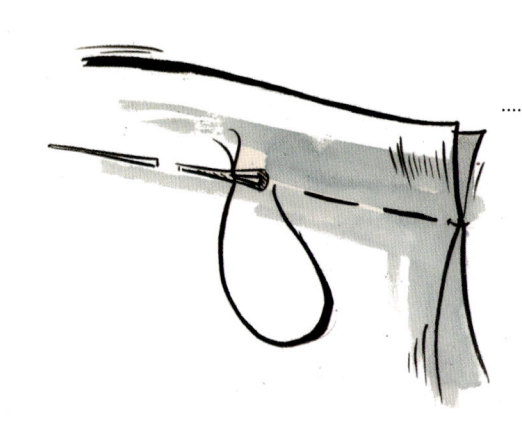

しつけ縫い

ミシンで本縫いをする前に2枚の布を手早く縫って仮どめすることをしつけと言います。縫い目がきちんと線になっていれば針目の大きさは重要ではありませんが、一般的にはキャンバス地など厚地には2cm、それより薄地には1cmが適当でしょう。表の針目は裏の2倍程度の大きさにします。

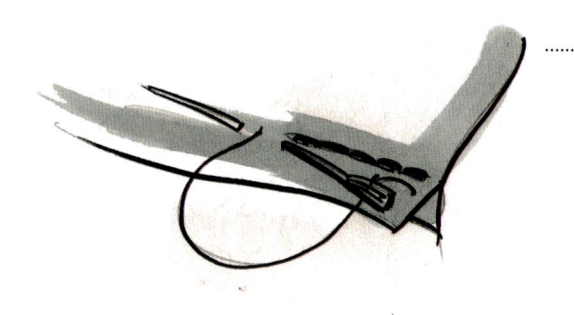

返し縫い

縫い目の補強が必要な部分に使います。縫い線に沿って右から左へ縫います。前の縫い目よりひと目先に針を出し、左から右へひと針戻って布をすくいます。針目は一定に揃えましょう。

コの字とじ

平らに縫い割ったように糸を目立たせずにまつります。額縁仕立ての折り代がぶつかる角や、(「クッションカバー4種」など) 返し口の折り山を突き合わせてまつる際に使います。まず下の折り山から針を出します。すぐ上の折り山に針を入れて水平に滑らせ、5mmほどすくって糸を引きます。すぐ下に針を入れて同じ作業を繰り返し、端まで縫い進めます。

まつり縫い

布地の表に針目が目立たないため洋服の仕立てに好んで使われ、またローマンシェードやカーテンの裾の始末にも便利な縫い方です。表布の織り糸を針でわずかに (キャンバス地では1本) すくいます。まず折り山から針を出し、針先で表布を小針にすくいます。すぐ下の折り山に針を戻して糸を引きます。表布の5mm先に針を入れて同じ作業を繰り返し、端まで縫います。糸を強く引きすぎると、縫い目がきつくなったり布地がつれたりするので気をつけましょう。

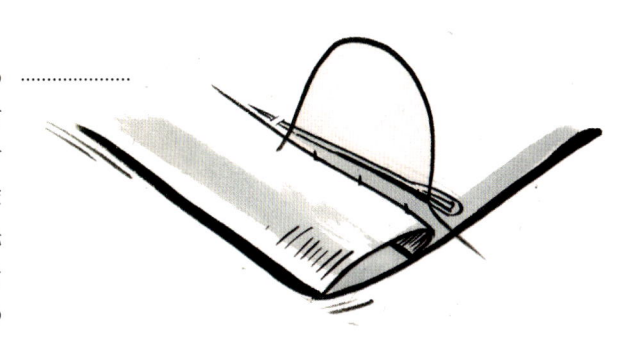

星止め

一般的な水平方向になめらかな針の動きとは異なり、文字どおり (訳注:英語で星止めはstab stitchと呼ばれる) 針を突き刺すように縫い、小さな針目で複数枚の布地をしっかりとめます。縫いにくい場所で使うことが多く、本書では「布を巻いたランプシェード (p.118)」に巻きつけた布片を星止めでフレームに固定しました。まず裏布から針を刺し、重ねた布地を通して表布から出します。縫い代に沿って約3mmのところで針を垂直に刺し入れ、同じ作業を繰り返します。

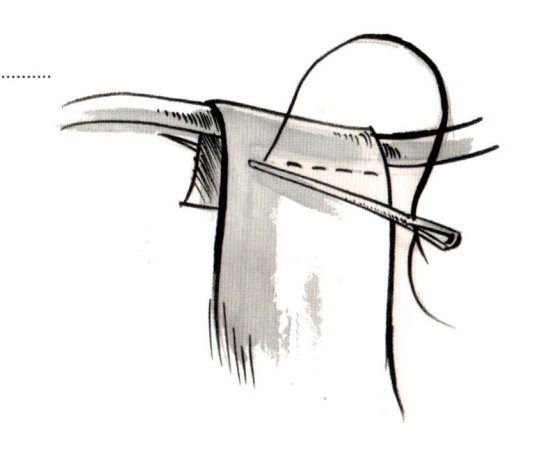

手縫いの基礎 **153**

アイロン接着芯 感熱接着剤が薄く塗布され、裏側にはく離紙のついた不織布のこと。2枚の布地を貼り合わせる際に使う。生地の厚さによってハードタイプとソフトタイプのいずれかを選び、メーカーの取扱説明にしたがって使用する。

アイロンで押さえる 高温のドライアイロンで縫い目や縫い代を落ち着かせること。アイロンはよこに滑らせると縫い代がゆがんでしまうので、下に押すようにかけると良い。

アップリケ フランス語で「貼る・縫いつける」という意味。切り抜いた布のモチーフを土台布に縫いつけて新しいデザインをつくるテキスタイルの装飾技法。

ウエイトバー ローマンシェードの裾に入れて布地にたわみが出ないように重しにする平角材。

オーバーロックミシン 英国製のほとんどのミシンに備わっている縁かがりのステッチ機能。上級者向けには、3本糸や4本糸で、裁ち落としながらかがれるロックミシンもある。

表に返す 作品の仕上げ段階で、縫い残しておいた返し口から表面に返すこと。指で縫い目を整えてきっちりと端に収め、先の丸い鉛筆（または手芸用品店で入手できる角処理用の道具）を使って角を出す。

カーテン丈 カーテンまたはシェードの上端から下端までの長さ。上部折り返しのタイプにより丈は異なり、また、カーテン裾の位置（窓枠まで、窓枠の下、床までなど）によっても左右される。

返し縫い 手縫いの返し縫いとは、ひと針ごと戻りながら右から左へと一定の小さな針目で縫い進めること。

角材 断面が正方形または長方形の木片。ローマンシェードを壁や窓枠に取りつける際のヘッドバーとして使われる。

額縁仕立て 縫い代を45度の角度で折りたたみ、角のもたつきを抑えてきっちりと始末する方法。やり方はp.149を参照。

飾りびょう 椅子の張り地をとめるときに使われるびょう。丸いヘッドでエンボス加工したものもあり、長いピンがついている。金づちで打ち込む際は、何枚か布を重ねてヘッドを保護しておくと良い。

カッティングマット 弾性回復性のマット。ロータリーカッターで裁断する際はつねにこれを使用する。便利な方眼罫入りで、滑り防止加工がなされたプラスチック素材の表面が刃の消耗を防いでくれる。作業の効率化のためには大判のマットを購入すると良い。

キャラコ 漂白していない平織りの綿布。様々な厚さのものがあり、裏打ち布や裏地として優れている。（訳注：日本では漂白済みの綿平織物をキャラコと呼ぶ。）

キルト糸 キルティングに使われる丈夫な糸。ステッチを目立たせたい場合は差し色を、そうでない場合は布地と同色の糸を選ぶ。

キルト芯 中綿とも呼ばれる、キルト用のやわらかな繊維でできた芯地。天然繊維（綿、竹布、絹）、合成繊維（ポリエステル・マイクロファイバー、リサイクル素材）、さらに混紡タイプがある。

ぐし縫い 直線または円形に並縫いし、糸を引いてフリルをつくったりギャザーを寄せたりする縫い方。

クリート もとは海事用語でくさび形のとめ具を指す。窓枠まわりに取りつけるメタル製のフック。シェードをたくし上げた際には、2つに分かれた脚の部分に昇降コードを巻きつけておく。

グリーンベーズ コットン・ウール混紡で表面に軽いけばのある耐久性に優れた素材。もともとビリヤード台やポーカーテーブルなどのゲーム台、オフィスの掲示板などに使用された。

コサージュ 襟元、手首、ウエストなどにつける生花または造花のアクセサリー。体にぴったり合わせたドレスの「身頃」を意味するフランス語から派生した。

ジグザグミシン 裁ち端をかがるミシン縫いのひとつ。まず不要な端布で試し縫いし、適切な針目の長さと幅を確認しておく。

しつけ 布地を仮どめする際は、外すとき楽なように目立つ色の糸を使って長い針目でしつけをかける。つねにミシンの縫い線から少し離してしつけをかけ、ミシン糸の下に挟まらないようにする。

上部折り返し カーテン吊り下げ部分の上端。ループや布紐は直接上部折り返しに縫いつける。または、あらかじめドローストリングとフック用の穴のついた専用の布製カーテンテープで仕上げても良い。

芯地 布地に強度とハリを持たせるための不織布。アイロン接着タイプと縫いつけタイプがあり、厚さも様々なものがある。

ステープルガン 木面にステープル（針）を打ち込むときに使う内装用工具。椅子やボードに布地を張る際に役立つ。

製図 実寸もしくは縮小版で表された型紙。本書では多くの作品に製図を掲載している。

製図用紙 方眼罫が印刷された大判の用紙。縮小版の製図から実物大の型紙をつくったり、指定の寸法どおりに型紙を裁断したりする際に使われる。

タッセル どんぐりのような形状で穴のあいたメタルまたは木製の連結具。ローマンシェードの昇降コード先端に取りつける持ち手。どんぐりは雷よけのお守りとされていた古代の言い伝えから、この変わった形になったと言われる。

たてに二つ折り 布片の長い辺に平行に二つ折りすること。

タナローン リバティの代名詞とも言える素材で、細番手の糸を織り上げた絹のようなやわらかな風合いの綿100%の布地。毎シーズン新しいデザインが登場する一方、伝統的なクラシックコレクションにも手直しが加えられ、さらにプリントに合わせられる無地のバリエーションもある。

チャコ 布に印をつけるときに用いる白墨の一種。濃色の布地には白を、淡色の布地にはピンクやブルーを使う。

Dカン 大文字の「D」形をしたメタルリング。ストラップをつなげたり、エプロンの首紐の調節に使ったりする。シルバーやゴールドめっきのDカンはホームセンターや手芸用品店で入手できる。

とじ針 針穴が大きく針先の丸い針。刺繍などに用いるが、リボンを通すときにも役立つ。

トップステッチ でき上がり縫い線のきわにミシンをかけて縫い目を補強するステッチ。

154　用語集

ドリル 中肉-厚手の綾織りコットンファブリック。丈夫なドリル素材はエプロンやバッグなどに使用される。

ニードルコード 表面の質感がなめらかな、きわめて畝の細い薄手のコーデュロイ。昔から子供服に使われることが多いが、その他にも幅広く利用されている。

縫い糸 布地に合わせて、綿ポリエステル糸または万能タイプの混紡糸を選ぶ。作品を仕上げるのに十分な長さの巻きを購入する。

縫い代 布地の裁ち端から縫い線までの部分。縫い代幅は作品によって異なり、つくり方ページにそれぞれ記載されている。

縫い目 2枚の布地が縫い合わさったときの直線またはカーブした線。

ヌードクッション 中綿を綿布で覆ったクッション材。大きさ・形は様々で、詰め物も羽毛からポリエステル綿まで幅広い。購入の際は、現行の安全基準を満たした耐火性のものであることを確認する。

布切はさみ 布の裁断に使う刃先の長い裁ちばさみ。

布目 織物は垂直に交差する2方向の糸（織機に整経された上下の方向に走るたて糸と、シャトルで左右の方向に通したよこ糸）からなる。裁断はつねに布目に沿うように、両端を布目のたて方向と平行にして行う。

バイアス 織物のたて・よこの布目に対して斜めであること。布地の耳に対して45度の角度で線を引くとバイアスとなる。バイアスに裁った細長い布片や布端は、布目の伸びやたわみが大きい。

バイアステープ 市販のバイアステープは、綿またはサテン素材の細長いバイアス布の両端を折り曲げたもの。直線またはカーブの布端の始末に使われ、様々な色や幅のものがある。手持ちの布で折り目をきっちりつけられるバイアステープメーカーも市販されている。

パッチワーク 規則的な形の小さな布ピースを接ぎ合わせ、パターンを描いた1枚の布にすること。

ヒートン ヘッドが輪のように丸い小さな（2cm大）ねじ金具。ローマンシェードの昇降コードを通す。

紐通し口 バッグの入れ口に平行に入れた2本のステッチの間の部分。紐やテープを通してギャザーを寄せる。

ファスナー押さえ ミシンでファスナーを縫いつけるときに使う細い押さえ金。ファスナー押さえを使う際は、忘れずに針位置を変えること。

ブラインドリング ローマンシェードやバルーンシェードの裏面に、たて列状に取りつけるメタルまたはプラスチック製の小さな（1cm大）リング。このリングに昇降コードを通してシェードをたくし上げる。

方眼定規 正確な寸法を測るための方眼罫が印字された透明アクリル定規で、いろいろなサイズがある。サンドペーパーを小さく切って裏面に貼ると滑りどめになる。

ボタンつけ糸 ボタン穴を手縫いでかがる仕立て用にきつく紡がれた太い糸。「ボタンホールツイスト」とも呼ばれる。きわめて丈夫なため、様々な用途に用いられる。

ボックスクッション その名のとおり正方形や長方形などボックス型のクッション。ベンチタイプの椅子や出窓下の壁面に設置された長椅子などに合わせてつくったもの。安全基準を満たしたクッション材は専門店またはオンラインでサイズオーダーできる。

ポリエステル綿 ソフトな風合いの長繊維で、安全基準を満たしたポリエステルの詰め物。玩具に使われるが、アレルギーフリーのクッションパッドとしても便利。

ポリスチレンビーズ ビーンバッグの詰め物用に、安全基準を満たした発砲ビーズを量り売りで購入する。詰め終わったら掃除機でほこりを吸い取っておく。

まち ボックスクッションやバッグの厚みを出すために使われる布片。

まち針 仮どめする素材によって、虫ピンのようにヘッドの小さなメタル製の細針か、ビーズ状の丸い玉つきで長く太いまち針のどちらかを選ぶ。手早く仮どめできるように作業中は受け皿に入れておき、作業が終わったらピンクッションかしっかりした缶に入れて保管する。

まつり縫い 返し口を閉じたり、折り山を本体布に縫いつけたりするときに用いる手縫いの手法。

見返し布 衣服の前端やバッグの入れ口などの裁ち端をきれいに見せるため裏側に使われる布。本体布とは色や厚さの異なる生地を使う場合も多い。

耳 布地両脇の織り端のことで、たての布目は耳と平行に走っている。布地の本体よりも織り密度が高いので、耳の部分をそのまま端として使用しないこと。

よこに二つ折り 布片の短い辺に平行に二つ折りすること。

リネン 亜麻を織った丈夫でもちの良い天然素材。使うほどに風合いが増す。エプロンやキッチンタオルには新品または使用感の少ないものを使う。

リピート柄 布地のたて方向に一定の間隔で繰り返される連続柄。揃いのアイテムをつくったり、作品の前面・後面・側面の柄をリピートさせるように合わせたりすると仕上がりの完成度が高くなる。

両面テープ 裁縫箱に入れておくべき必需品の文房具。テープの表裏両側が接着面になっていて裁縫にも広く使われる。テープ幅は12mm-3cmまで。

両面リボン 両面ともなめらかで光沢のあるリバーシブルのサテンリボン。片面リボンとは、表面のみ光沢があるものを指す。

ループ 布を細い筒状に縫ったもので、吊り紐や結び紐をつくる際に使われる。ループ返しがあれば布を返すときに便利だが、必携ではない。

ロータリーカッター 円形のシャープな刃に持ち手がついたカッター。布地を手早く裁断できる。安全のため刃が格納できるものを選び、弾性回復性のあるカッティングマットの上で必ず手元から離して使用する。

ロゼット パッチワーク用語のひとつ、ヘキサゴン（六角形）ピース7枚でつくるフラワーパターンのこと。別布でまわりにピースを足すとさらに大きなロゼットができる。

Amelia Star（アメリア・スター） 2011年秋冬シーズンコレクション。1970年代のグラムロックにインスパイアされた、渦巻き模様と花柄を組み合わせたデザイン。
タナローン　「革の引き手のコスメポーチ(p.40-3)」で使用

Bailando en mis Suenos（バイランド・エン・ミス・スエノス） 2011年秋冬シーズンコレクション。リバティの新たな試みとして発表された一連のデジタルプリント柄のひとつ。チョークパステル画風のハイビスカス柄はキューバ音楽からインスピレーションを得たもの。
バルカムシルク　「キモノ風ルームウエア(p.112-7)」で使用

Betsy（ベッツィ） 1933年、リバティ社のためにDSというイニシャルのデザイナーがデザインしたと言われる様式化された小花模様。1982年にクラシックコレクションに加えられた。
タナローン　「シェフのロングエプロン(p.30-5)」で使用

Caesar（シーザー） リバティと深い関わりのある耽美主義のシンボル、孔雀の羽をモチーフにしたデザイン。
タナローン　「孔雀のピンクッション(p.76-81)」で使用

Capel（カペル） 1978年に初めてタナローンにプリントされた単色の小花モチーフ。1993年にクラシックコレクションに加えられた。
タナローン　「スマートフォン＆PCカバー(p.72-5)」、「おばあちゃんの花園キルト(p.128-33)」、「レンガ模様のモダンなキルト(p.134-9)」で使用

Carline（カーライン） 1950年代スタイルのバラをモチーフにしたデザイン。1994年にリバティのためにデザインされ、1997年にクラシックタナローンに仲間入りした。
タナローン　「フリルのエプロンと鍋つかみ(p.106-11)」で使用

Carolyn Jane（キャロリン・ジェーン） 2011年春夏シーズンコレクション。線画で表現されたポピー柄は、リバティアーカイブに残された1920年代の見本帳からヒントを得たもの。
タナローン　「レンガ模様のモダンなキルト(p.134-9)」で使用

Christhl（クリッスル） 2011年春夏シーズンコレクション。緻密に描かれたペイズリー柄シリーズのひとつ。
タナローン　「レンガ模様のモダンなキルト(p.134-9)」で使用

Combe（クーム） リバティアーカイブに収められた19世紀のテキスタイルをベースにしている。2011年秋冬シーズンのシルク用にデザインされた。
ハーコート・クレープデシン　「キモノ風ルームウエア(p.112-7)」で使用

David Joe（デビッド・ジョー） インドの細密画に描かれた森にインスパイアされた優美なデザイン。絵本作家でイラストレーターのジェーン・レイの作品。森の木々をモチーフにハンドペイントの水彩画で描かれている。
タナローン　「丸いギャザークッション(p.88-91)」で使用

Dorothy Watton（ドロシー・ワットン） 2011年春夏シーズンコレクション。リバティの店頭デザインのディテールから着想を得た、独特なアーツ・アンド・クラフツの影響を感じさせるデザイン。
タナローン　「レンガ模様のモダンなキルト(p.134-9)」で使用

Douglas Stripe（ダグラス・ストライプ） 2011年春夏シーズンコレクション。1970年代のリバティデザインに見られる、一定間隔で配色を変える手法をベースにしている。
タナローン　「おばあちゃんの花園キルト(p.128-33)」で使用

156　リバティファブリックの名称

Edenham（エデナム） 1994年春夏シーズン用にリバティ社が購入したデザイン。1997年にクラシックコレクションに加えられた。
タナローン 「丸いギャザークッション応用編(p.91)」で使用

Eleanabella（エレアナベラ） 2011年秋冬シーズンコレクション。異なるテクスチャーの花柄プリントが何層もレイヤリングされた2000年代を代表する柄。
タナローン 「紐結びのジュエリーロール(p.64-7)」で使用

Eloise（エロイーズ） 緻密に描かれた1950年代半ばの総柄フローラルデザイン。リバティの見本帳に収められた19世紀後半の複数のスワッチをベースにしている。
タナローン 「おばあちゃんの花園キルト(p.128-33)」で使用

Elysian（エリジアン） リバティ社のアーカイブをもとにしたデザイン。1910年代後半から1920年代初頭にかけて服飾・内装用ファブリックとして薄手のコットン素材にプリントされた。1979年、クラシックコレクションに加えられた。
タナローン 「格子窓のピンナップボード(p.60-3)」で使用

Explosions in the Sky（エクスプロージョン・イン・ザ・スカイ）
2011年秋冬シーズンコレクション。1960年代のインストゥルメンタル・バンドとジミ・ヘンドリックスのポスターからインスピレーションを得たデザイン。
タナローン 「布を巻いたランプシェード(p.118-21)」で使用

Fairford（フェアフォード） リバティスタイルを象徴するような花柄プリント。アーカイブを由来とするデザインがきめ細かく手直しされ、新しくタナローンにプリントされた。
タナローン 「おばあちゃんの花園キルト(p.128-33)」で使用

Glenjade（グレンジェイド） 1930年代のリバティコットンデザインに由来した柄。デザイナー名は不詳。1997年、クラシックコレクションに加えられた。
タナローン 「フリルのエプロンと鍋つかみ(p.106-11)」で使用

Helena's Party（ヘレナズ・パーティ） 2011年春夏シーズンコレクション。1937年にデザインされたアーカイブの柄をもとにしている。
タナローン 「花模様のブックカバー(p.82-5)」で使用

Kate Ada（ケイト・アダ） 2011年春夏シーズンコレクション。線画で表現されたバラモチーフは、リバティアーカイブに残された1920年代の見本帳から発想を得たもの。
タナローン 「バラモチーフの掛け布(p.122-7)」で使用

Kate Nouveau（ケイト・ヌーボー） アーカイブの木版デザインをベースにして1900年代初頭にリバティが制作。1960年代に起こったアールヌーボー復活の流れをくむ。2011年秋冬シーズンで再び使用された。
コットンキャンバス 「ローマンシェード(p.44-7)」で使用

Kayoko（カヨコ） 2011年春夏シーズンコレクション。リバティアーカイブに収められた1920年代の見本帳の緻密な小花柄にインスパイアされたデザイン。
タナローン 「エコバッグ(p.24-9)」で使用

Lodden（ロデン） ウィリアム・モリスのオリジナルデザインであり、1884年にMorris & Coによって初めて制作された。
タナローン 「クッションカバー4種(p.14-9)」で使用

リバティファブリックの名称　**157**

Lord Paisley（ロード・ペイズリー）　1950年代後半にプリントされた、リバティの伝統的なシルクスカーフのデザインをもとにした繊細で装飾的なペイズリー柄。
タナローン　「クッションカバー 4 種(p.14-9)」で使用

Mauvey（モービー）　2008年春夏コレクション向けにリバティ・デザイン・スタジオによって制作された。刺繡とスパンコールで彩ったアオイの花をモチーフにしている。2010年、クラシックコレクションに仲間入りした。
タナローン　「レンガ模様のモダンなキルト(p.134-9)」で使用

Mike（マイク）　1960年代のポップアートとイヴ・サンローランが用いた幾何学模様からインスピレーションを得たデザイン。
ロスモアコード　「砂糖袋型ドアストッパー(p.36-9)」で使用

Millie（ミリー）　小花をサークル状に配したデザインで、リバティ社が購入した古い書物から取り入れられたもの。2002年秋冬シーズンに初めて登場し、2006年にクラシックコレクションに加えられた。
タナローン　「キャンバス地のトートバッグ(p.52-7)」で使用

Miranda（ミランダ）　リバティのアーカイブから着想を得たデザイン。2004年春夏コレクションに初めて登場し、2006年秋冬コレクションでタナローンにプリントされた。
タナローン　「布を巻いたランプシェード応用編(p.121)」で使用

Mitsi（ミッツィ）　1950年代のリバティ・デザイン・スタジオによるデザインをもとにしている。日本の桜の花をモチーフにしたリバティのクラシック柄を想起させる。
タナローン　「丸いギャザークッション(p.88-91)」および「花模様のブックカバー(p.82-85)」で使用

Pablo Pepper（パブロ・ペッパー）　クラシックコレクションの2柄、細かな総柄のPepper（ペッパー）と小さなリーフモチーフのGlenjade（グレンジェイド）を重ね合わせたデザイン。
ロスモアコード　「丸底ビーズクッション(p.48-51)」で使用

Pansies（パンジー・フラワー）　2009年秋冬シーズンコレクション。美しい水彩画のパンジーデザインは、2009年秋冬のハンドペイントをテーマにした作品グループのひとつ。
コットンキャンバス　「箱型のベンチクッション(p.102-5)」で使用

Penny（ペニー）　2011年秋冬シーズンコレクション。リバティアーカイブに収められた1962年のデザインをもとにしている。
タナローンおよびロスモアコード　「花柄のコサージュ(p.92-5)」と「小花の巾着バッグ(p.68-71)」で使用

Pepper（ペッパー）　長年にわたってリバティのデザインを手がけたジャックプリンス・スタジオが1974年にデザインしたもの。1979年にクラシックコレクションに仲間入りした。
タナローン　「ローズガーデンのクッション(p.96-101)」、「孔雀のピンクッション(p.76-81)」、「おばあちゃんの花園キルト(p.128-33)」で使用

Poppy & Daisy（ポピー&デイジー）　1900年代初頭から何度もタナローンにプリントされている様式化された花柄デザイン。最近では2004年に再登場している。
タナローン　「レンガ模様のモダンなキルト(p.134-9)」で使用

Princess Emerald（プリンセス・エメラルド）　アーティストのマイケル・アンゴーブが2011年春夏シーズンコレクションのために描画した愛らしいセリの花モチーフ。
タナローン　「格子窓のピンナップボード応用編(p.63)」で使用

158　リバティファブリックの名称

Rania（レーニア） 2011年春夏シーズンコレクション。一面にちりばめられた星は、クラシック柄のMark（マーク）のデザインをもとにしている。
タナローン 「おばあちゃんの花園キルト(p.128-33)」で使用

Rock and Roll Rachel（ロックンロール・レイチェル） 2011年秋冬シーズンコレクション。リバティのアーカイブに収められた19世紀半ばのペイズリーショールの柄の大きさをアレンジしたもの。
タナローン 「ローズガーデンのクッション(p.96-101)」で使用

Rueben Kelly（ルーベン・ケリー） クラシックな絵本の主人公『ミスター・ベン』を生み出したイラストレーターで画家のデビッド・マッキーによるデザイン。流れるようなストライプは、ミスター・ベンがリバティプリントの騎士となるイラストをもとにしている。
タナローン 「丸いギャザークッション(p.88-91)」で使用

Rumble（ランブル） 1965年のリバティ・クチュールコレクションのデザインをベースにした柄。
コットンキャンバス 「キャンバス地のトートバッグ(p.52-7)」で使用

Sarah's Secret Garden（サラズ・シークレットガーデン） 地中海のガーデンに咲き誇る花々をイメージしてデザインされた柄。
タナローン 「おばあちゃんの花園キルト(p.128-33)」で使用

Sheona（ショーナ） 2011年春夏シーズンコレクション。きらめく星と星座をベースに描かれたデザイン。
タナローン 「革の引き手のコスメポーチ(p.40-3)」で使用

Tatum（テイタム） 1955年に初めてタナローンにプリントされたデザイン。1930年代のタナローン向デザインをもとにしたとされている。
タナローン 「おばあちゃんの花園キルト(p.128-33)」で使用

Toria（トリア） リバティの旗艦店チューダーハウスの内外装にある木彫りや石膏細工にインスパイアされたデザイン。2003年にデザインされ、2006年にタナローンにプリントされた。
タナローン 「花柄のコサージュ(p.92-5)」で使用

Viviana（ヴィヴィアナ） 水彩画家クレア・ロビンソンが2011年春夏シーズンコレクションのために手がけたデザイン。
タナローン 「シンプル仕立てのカーテン(p.20-3)」で使用

Vonetta（ヴォネッタ） 2011年秋冬シーズンコレクション。ザ・ストーン・ロージズの元メンバーでアーティスト&ミュージシャンのジョン・スクワイアによるオリジナルデザイン。
タナローン 「クッションカバー 4種(p.14-9)」で使用

Willow's Garden（ウィローズ・ガーデン） 2011年春夏シーズンコレクション。アーツ・アンド・クラフツ運動からインスピレーションを得てデザインされたデイジー柄。
タナローン 「花模様のブックカバー(p.82-5)」で使用

Wiltshire（ウィルトシャー） 1933年にリバティのためにデザインされ、1968年に復刻されたベリーの実と葉のモチーフデザイン。
タナローン 「スマートフォン&PCカバー(p.72-5)」および「ローズガーデンのクッション(p.96-101)」で使用

リバティファブリックの名称 **159**

ガイアブックスは地球の自然環境を守ると同時に
心と身体の自然を保つべく"ナチュラルライフ"を提唱していきます。

Creating the first *Liberty Home Sewing Book* has been an immense pleasure. My sincere thanks to the inspirational and creative team at Liberty Art Fabrics and all those involved in this project: to Jane O'Shea, Claire Peters and Lisa Pendreigh at Quadrille Publishing, and especially to Lucinda Ganderton for her wonderful creativity.

Kirstie Carey
Managing Director
LIBERTY ART FABRICS

LIBERTY
Great Marlborough Street
London W1B 5AH
www.liberty.co.uk

Liberty fabrics are available to buy both instore and online.

Publishing Director *Jane O'Shea*
Art Director *Helen Lewis*
Project Editor *Lisa Pendreigh*
Editorial Assistant *Louise McKeever*
Project Designer and Sewing Consultant *Lucinda Ganderton*
Pattern Checker *Sally Harding*
Designer *Claire Peters*
Photographer *Kristin Perers*
Stylist *Lorraine Dawkins*
Illustrator *Richard Merritt*
Production Director *Vincent Smith*
Production Controller *James Finan*

Text and project designs © 2011 Quadrille Publishing Ltd
Photography © 2011 Kristin Perers
Illustrations © 2011 Richard Merritt
Design and layout © 2011 Quadrille Publishing Ltd

The designs in this book are protected by copyright and must not be made for resale.

All rights reserved. No part of this publication may be reproduced, stored in a retrieval system, or transmitted in any form or by any means, electronic, electrostatic, magnetic tape, mechanical, photocopying, recording, or otherwise, without prior permission in writing from the publisher.

The rights of Lucinda Ganderton to be identified as the author of this work have been asserted by her in accordance with the Copyright, Design and Patents Act 1988.

The props featured in this book were supplied by Liberty except those listed below:
Page 25, dress by Etro, for Liberty / Page 89, square cushion by Emma Burton, www.emmaburton.co.uk / Page 106, dress by Erdem, for Liberty / Page 134, dress by Etro, for Liberty.

The LIBERTY Book of Home Sewing
LIBERTYファブリックのクラフトづくり

発　　　行	2012年11月1日	著　者	**ルシンダ・ガンダートン**
発 行 者	平野　陽三		(Lucinda Ganderton)

発 行 元　**ガイアブックス**
　　　　　〒169-0074 東京都新宿区北新宿 3-14-8
　　　　　TEL.03(3366)1411　FAX.03(3366)3503
　　　　　http://www.gaiajapan.co.jp

発 売 元　産調出版株式会社

Copyright SUNCHOH SHUPPAN INC. JAPAN2012
ISBN978-4-88282-856-3 C2077

落丁本・乱丁本はお取り替えいたします。
本書を許可なく複製することは、かたくお断わりします。
Printed in China

ロンドン在住の手芸作家。ゴールドスミス・カレッジで美術・テキスタイルを学び、現在は雑誌などでスタイリッシュなクラフトワークを紹介している。『Creating Vintage Style』、『Stitch Sampler』など著書多数。

翻訳者　**武田　裕子**（たけだ　ひろこ）
名古屋大学文学部英語学科およびニューヨーク州立ファッション工科大学卒業。インポートブランドのバイヤー職を経て、現在はファッション・美容・建築分野の翻訳を行う。訳書に『シューズ A-Z』、『リメイクファッション』（いずれも産調出版）ほか。